ちくま新書

40歳からの肉体改造

——頑張らないトレーニング

有吉与志恵
Ariyoshi Yoshie

JN264743

726

40歳からの肉体改造

——頑張らないトレーニング

【目次】

方／朝起きて倦怠感・疲労が残り、午前中は苦手な方／些細なことでイライラ、怒りで損をしている方／心配ごとが多く、猫背気味、いつもため息をついている方／お腹をへこめたい方は「代謝促進」を／夜中や朝方に目が覚める、眠りが浅い方々

参考文献　238

本文イラスト＝山本サトル

序章

答えは、自分の身体が知っている

†あなた自身を大切にしてほしい

あなたは、あなた自身を大切にしていますか？　よい仕事ができていますか？

「健全な精神は健全な肉体の上に宿る」誰かがいった古い言葉ですが、私は身体の調子こそが、日常のパフォーマンスを決めると思っています。身体が軽い、なんとなく調子がよいときは、仕事がはかどりますし、アイディアがでてくるし、集中力も続く、心は安定し、会話もスムーズなんてことがあるはずです。

反対に、精神状態が肉体にあらわれることもよくあります。

病気ではないのに「胃がきりきり痛む」これが続くと機能障害なんて病名をつけられたりします。いつもイライラしてしまう人は、筋肉のコリやハリを訴える方が多いのです。これが高じると筋緊張性頭痛なんてこともあります。そうなるとパフォーマンスは必ず落ちるのです。仕事の効率は落ちていますし、アイディアだってでてきません。人間関係にも大きく影響しています。

そんな身体からの信号をキャッチして、改善しませんか？　と、あなたに問いかけるのがこの本です。

私たち日本人は、いつのころからか自分の身体の声に耳を傾けなくなっています。

数字で物事を判断するように教えられ、病気か病気でないかに分類をしてしまいます。最近は「メタボ」とも略される「メタボリックシンドローム」という言葉が流行語になっています。国の政策で、2008年から特定保健指導で健診がはじまりました（4月から。40歳以上、75歳未満の医療保険加入者が対象）。ある調査によると40歳以上の半数が、病院での受診を勧奨されることになるらしいのです。40歳以上の2人に1人が病人となるのです。あなたは、いかがですか？

しかも、生活習慣病の多くはサイレントキラー（静かなる殺人者）と呼ばれ、症状はあらわれないことが多く、それがあらわれたときには大事にいたっていることが多いのです。ですから国は、予防的な意味も含め、危機感をあおるような数字を発表しているのでしょうか。

では、メタボではないといちおう判定される半数の方々、つまり数値をクリアーした方々は、本当に健康で、元気なのでしょうか。

突然死をした方の親族にお話をうかがうと、「健康診断ではなんでもなかった。しかし、だるさや疲れやすさを放置していた」あるいは、「肩こりがひどくなっていた」など、病院にいくほどでもないからと、そのままにしていた〝症状〟が実はあったということをいわれます。

自覚しているその不快症状を、体質や遺伝などと思い込んでいる方も大勢います。非常につらいときには、対処療法的なマッサージなどで癒されるものの、その症状がでるのは、仕方ないとあきらめてしまっているのです。

そのような些細なことが、身体からの信号だと受け止め（気づき）、常によい状態をキープする、よい状態に戻す方法があり（情報を知る）、その考え方や方法を身につけること（実践）が、自分の生き方を大切にすることだということを知っていただきたいのです。

私はコンディショニング（改善系トレーニング）という方法を通して、身体を改善すること、調子を整え、最高のパフォーマンスを発揮できるようにすることを指導しています。自分の中心、深部を大切にする生き方こそが、周りへの影響力を発揮し、目標達成できることにつながる具体例をたくさんみてきました。

コンディショニングという聞きなれない言葉が、この本を手にとられた方々のパフォーマンスに変化を与え、ご自身に自信をもたらしてくれると信じています。コンディショニングという方法が、皆さまの目標達成の一助になることを願ってやみません。

†あなたの可能性をつぶす落とし穴

私は、フィットネス業界で仕事をさせていただいていますが、その前は競技スポーツの選手でした。

成績が伸び悩み、がむしゃらに練習を積みました。国内外の文献を読みあさり、とにかく「よい」ということはあれこれ試みましたが、いっこうに効果はでませんでした。そしてオーバーワークの身体は、ご多分にもれず、故障を起こします。「故障」という、越えられなかったハードルを言い訳に、私は現役を引退しました。

当時を振り返り感じることは、「方法論ばかりを追いかけていた」ということです。

自分の身体を感じることなく、自分を分析することなく、ただただ、机上の練習方法を試み、その運動量を積み上げ、その苦しさや辛さが自分を強くすると信じていました。それが自分の可能性をつぶしているとは、思いもよらなかったことです。

「トレーニングはやればやるほど効果がでる」「苦しいことに耐えてこそ強くなる」「弱いのは練習不足」そんなふうに思っている方々は、いまだに多くいます。

日本人特有の「努力の美徳」という考え方が後押ししているのかもしれません。

そして、私がフィットネス業界でみたものも、同じだったのです。目的がなにか分からないのにトレーニングを積む愛好家の方々。どんどんと過激になるレッスン内容、ウエイトの重さを増やしたがる方々。私はずいぶん抵抗した記憶があります。

楽しんでスポーツをする人たちや、健康づくりを目的に運動する方々さえも、怪我をおしてトレーニングに取り組む。そんな、とても滑稽な構図は、日本人精神のあらわれでしょうか。がむしゃらさが無意味なことは、私の身体が知っていました。だからこそ、効果的なトレーニングを追究してきたのです。

方法論を追いかけても、それが必要かどうかは「身体に聞く」しかないのです。トレーニングを無意味に積み重ねることは、身体にストレスを与えることにしかなりません。そして効果がでなければ、「自分は駄目な人間だ」と心にもダメージを残します。

自分の身体が調子よくなることを感じていただきたいのです。本当の自分の力に気づいていただきたいのです。

がむしゃらな努力、流行にとらわれただけのトレーニングの方法、身体に必要のないトレーニングは、むしろあなたの可能性をつぶしているのです。無駄で無理なトレーニングは、さらにあなたの心もつぶしているのです。

表層を鍛えるだけのトレーニングは、まるで重たい鎧を着ているようなものです。生身の人間をしっかりしなくては、鎧の重さに負けて、戦うことさえできなくなるのです。

あなたの身体に聞くことを、まずははじめてみませんか?

あなたの身体に効くトレーニングがみつかるはずです。

第一章

あなたの身体、どうなっていますか?

†退化している現代人

私たちを取り巻く環境は、近年大きく変化しています。

戦後の高度成長期、そして最近のIT革命と、私たちの生活は飛躍的に便利になりました。その結果、必要な身体活動さえも行なわなくなっているのです。

日本は自動車社会です。それに、自転車、電車。駅では、エレベーターやエスカレーターで、歩かない。掃除は掃除機、洗濯は洗濯機、乾燥は乾燥機、食器洗いは食洗機。オール機械化で、なるべく身体を動かさないようになっている便利な社会です。仕事中はずっとパソコンの前に座りっぱなし。帰宅すると、TV、ゲームの前に座りっぱなし。

これでは、動くという機能はどんどん失われていくのではないでしょうか。

人間は二足歩行のできる動物として、この世に誕生しています。私たちの身体構造は歩くことのできる2本の足のおかげで、2本の手を移動手段に使わなくてよくなり、どの動物よりも進化し、頭脳の発達もみられました。

人間の身体機能は、とても複雑に連動しています。そのため、生まれてから大人のように歩いて移動できるまでには、どの動物よりも時間がかかります。動物の多くは、生まれて数時間で歩けるようになります。しかし、人間はちゃんと立って歩けるようになるまでに、1年くらいの時間がかかるのです。そして歩けるようになると、手を自在に使い、創造することを覚えます。2本足できちんと立って歩くことで、人間の能力が開花されるといっても過言ではありません。

私たちの祖先は食べものを探すという生きるための行動を、足で勝ちとってきました。人類が2本足で長時間歩けるようになり、人間の歩行能力は、よりいっそう進化しました。長時間の移動で、好きな食べものを探しにいったり、住みやすい所に移動できたりすることで、文明や文化をつくってきました。昔の人は「足が丈夫な人ほど稼ぐ」と位置づけ、お金のことを「おあし」といったという説もあります（ほかに、お金はまるで足が生えているかのように逃げていくから、という説も）。

ところが、文明がどんどん進歩して、いまや人間は歩行移動をあまりしなくなりました。むかしは1日30キロ程度の歩行移動は、どんな人でもやってのけたものです。戦前の日本人は、移動距離で1里から4里（4キロ〜16キロ）くらいまでは歩いていこうと判断したといいます。しかし現代では1キロ、10分程度の距離があると、乗りものに乗るかどうか迷うそうです。

歩くことで、長い年月かけて進化してきた私たちの能力は、どうなってしまうのでしょうか。

「歩く」というのは、足だけが動いているわけではありません。全身が連動しています。膝、股関節、骨盤、背骨、肩甲骨、肩関節へと動きが伝わり、「移動する動作」が構成されています。それぞれの関節を支えている筋肉が呼応し合い、身体のバランスをとり、空間位置を感じ動いています。ですから、歩くことは全身運動と位置づけられます。

そして血液が、全身に新鮮な酸素と必要なエネルギー源を運ぶために、内臓も働きます。これら、筋肉、内臓を指揮しているのが脳ですね。歩かなくなるということは、これらの機能を働かさなくなるということなのです。

機能は使われなくなると、必要としていた能力、性能が鈍ってきます。人類の進化をみてみても、使わなくなった機能は退化しています。

魚はえらで呼吸します。陸上へと上がった動物には肺ができて、えらがなくなりました。移動手段は、魚にはヒレがありますが、陸上の動物には足があり、骨格を支えます。脊椎は重力に逆らい、2本の足で移動できる脊椎動物の人間ができあがりました。

必要な機能が残り、必要でない機能は退化していく。私たち人間の身体は、進化した結果、移動の手段の2本の足と、自在に使える2本の手と、思考、判断できる脳を手に入れ、できあがった身体なのです。その環境で適応するような形態に変化してきたのです。

そしていま、生活の環境は急速に変化しています。むかしあったものがなくなり、文明の発達という、動かなくてよい便利な環境を自分たちの手でつくり上げています。

しかし、便利さを追求した結果はどうでしょうか。

和式のトイレでしゃがめない。正座ができない。背筋を伸ばして話が聞けない。土を踏んでしまう土踏まず（偏平足気味ということです）。これらはひょっとして、退化の進行形ではないでしょうか。人によってはこれらを「老化」と呼んだりしますが、はたしてそれだけでしょうか。なぜならいまの子供たちにも同じことが起きているからです。

あなたにも使われなくなっている筋肉、使えなくなっている機能が、けっこうあるのではないですか？

†姿勢をつくる筋肉、関節を曲げる筋肉

私たちの身体には約200個の骨があります。これが積みあげられ、骨格をつくっています。骨格をつなぐのが筋肉です。言い換えると骨格を支えるために筋肉が、600ほど

あります。筋肉がなく、骨格だけになると、理科室の骸骨模型のように、なにかでつながれ、吊られていないと、ぐしゃっと地面に落ちてしまいます。

これは、人間が筋肉によって重力に逆らっているという証拠です。それぞれの筋肉は、お互いの筋肉同士がバランスをとりながら、人間の形、姿勢を支えています。

人間の足の骨は片足26個、両足52個です。その骨の上に大きな骨が積み木のように積み重ねられ、骨盤、脊柱、胸郭、腕と、うまい具合にバランスをとり、いちばん上にいちばん重たい頭をのせています。とても不安定な並びですが、この不安定さゆえに自由自在に動くことができます。

不安定な骨格の並びを一つ一つつないでいる筋肉があります。姿勢を支える「単関節筋」という筋肉です。単関節筋は、姿勢の変化をセンサーのように感じとり、安定して動けるように働いています。重力に対して、いちばんバランスのよい状態に保とうとする働きや、重力に対して、身体を持ち上げようとする働きがあります。たとえば、片足立ちで、上体を前に倒しても、倒れないように踏ん張れるのは、この単関節筋のおかげなのです。

そして筋肉にはもう一つ、動くために必要な大きな筋肉があります。これはみなさんもご存知、大胸筋、大腿四頭筋なんて名前で知られている筋肉たちです。これらは関節と関節をまたいでついている筋肉で「多関節筋」といわれます。多関節筋は、私たちの動作をつくります。腕を曲げたり、膝を曲げたりするときに主役となる筋肉です。

†深層部の筋肉のバランスのよさが姿勢をつくる

一般的に、動作をつくる多関節筋を、トレーニングでがんがんと鍛えることがよいトレーニングと誤解されています。けれど、本当に重要なのは、動くための多関節筋と、骨格を支える単関節筋のバランスです。

私たちは誰でも、身体を動かす上で必要な筋肉の使い方をすでに学習しています。人間は立ち上がれるようになる前に、手足で移動します。そう、赤ちゃんの「ハイハイ」です。

このときに背骨のさまざまな動きを体得し、背骨をつないでいる脊柱周りの単関節筋のセンサーが発達します。手足の動きが背骨に伝わり、背骨をコントロールして移動するということを覚えます。そのうちつかまり立ちをして、立位のバランスを覚えます。そして、ヨチヨチとアンヨしながら足の運び方を学び、その過程で骨盤や背骨のバランスセンサーが働くようになります。

動きをつくる筋肉・多関節筋のトレーニングをするのであれば、同時に、骨格を支えるセンサー・単関節筋のトレーニングもしなければ、その骨格の並びが保てなくなってくるのです。

さて、ハイハイよりももっと先に、人間が最初に行なう筋肉の活動をご存知でしょうか。答えは「呼吸」です。

母親の産道からでてきて最初に行なう、あの「おぎゃ～おぎゃ～」という産声は、息を大きくしぼりだすように吐いています。「呼吸筋」という筋肉の使い方を、泣くという行為、息を吐くという動作で学習するのです。

そしてこの呼吸は、筋肉の連動で単関節筋の学習もかねています。

生まれたての赤ちゃんは泣くことしかできないのですが、その数か月後には、首が据わり、寝返りをうてるようになります。これは、息を吐くという筋肉が活動することによって、背骨をつないでいる脊柱周りの単関節筋が〝重力に逆らう〟ための準備をしているのです。

そして前述の、ハイハイ、つかまり立ち、アンヨという過程をへます。このとき、私たちの骨の並びが、人間としての骨格の並びに整うからこそ、直立でき、さまざまな動作が可能になります。

繰り返します。動作をつくる筋肉と、骨格を支える筋肉のバランス関係が、いまのあなたの姿勢をつくっているのです。

†姿勢は人となりを表す

しかし最近の生活では、歩くことが減りました。そのため筋肉が使えなくなったことに加え、ずっと同じ姿勢で座っていたり、パソコンを打ったりなど、ごく一部の筋肉ばかりを使うようになり、それにともなって全身の動きは減っています。動作をつくる多関節筋の動きが限られているのです。

むかしの労働は足を使うことが多く、全身運動でした。また足を使うことで、姿勢を保つ単関節筋のセンサーも十分働いて、筋肉がそれぞれバランスをとりあっていました。ですから、あえて運動する必要はあまりなかったのですが、近年は、トレーニングという形で、あえてお金を払って運動する時代になっています。

姿勢は、多関節筋と、単関節筋のバランスがつくるわけですが、同じ動作ばかりをしているとどうなるのか。動作をつくる大きな筋肉たちが酷使され、骨格を支える筋肉たちもバランスをとろうとして動き過ぎが起きてきます。そのため単関節筋は骨格を支えられなくなり、その並びが狂ってきます。

猫背気味になる、頭が前方にでる、肩が上がる、両脚の長さに差がでる、膝が曲がる、身体が前に曲がりづらくなる、振り向きづらくなる、関節を動かすとポキポキと音がする……などは、たいてい骨格の歪みが原因です。骨格を支える単関節筋たちの過重労働の結果なのです。

そんなあなたの、同じ動作を繰り返す頻度やあなたの動きの癖によって姿勢はできあがります。

なかでも背骨の並びは、ほかの骨にもさまざまな影響を与えています。座る姿勢が多いいまの時代、座り方が背骨の配列に影響を与えています。そして、気がつくころには背骨の並び、姿勢は崩れています。

むかしは姿勢を正す時間を学習の中に取り入れたり、姿勢が悪いと大人から注意されたりしていましたが、いまではそんな光景はみられません。

この結果、身体には、むかしは起きなかったような異常が生じています。座る時間が長時間にわたるため、正しい姿勢を保てなくなり、猫背になっているということも考えられます。

背骨の真ん中には、全身に脳からの信号を伝える脊髄が通っています（詳しくは第二章）。脊髄の神経伝達にも、猫背が悪影響を及ぼしているのではないかと予測しています。

肩こり、頭痛、腰痛、不眠、集中力が続かない、冷え、むくみなどの症状で苦しんでいる方はたくさんいます。これらの不快な症状は、原因がわからない場合、不定愁訴なんていっています。不定愁訴は、そのあらわれ方をときどきに変える、とても厄介な症状です。多くの方は、その原因を体質や老化などと思い込みそうですが、姿勢の歪みが原因であることが多いようです。

いっぽうで、あえてトレーニングを行なっている方。筋肉の使い方を満遍なくバランスをとってトレーニングすればいいのですが、日常と同じ姿勢で、同じところばかりを酷使する方が多いようです。

座り仕事が多いのに、座ったまま脚だけ動かすマシーントレーニングを行なう。パソコンを使う仕事で、胸や腕はいつも十分に動かしているのに、ジムでも胸や腕ばかりをトレーニングするなど。これでは、バランスをとるどころか、酷使に輪をかけています。むしろ、ますます姿勢を崩すことにつながります。

姿勢は、その方の筋肉の使い方で決まります。しかし姿勢は、数日であらわれるものではありません。長年の動作の癖や運動時の筋肉使いのバランスが姿勢をつくります。いまのあなたの姿勢は、人生における筋肉の使い方の偏りの結果なのです。

あなたも使い過ぎている筋肉があるのではないですか？　酷使しすぎて、一部分の筋肉が悲鳴をあげていないですか？

筋肉の悲鳴は、体調に跳ね返って不快症状となることで、あなたになにかを訴えているのではないでしょうか。

†筋肉は人生の履歴書

私たちの身体はどうやって動いているのでしょう。

身体は筋肉で動いていることは、これまでご説明した通り。その筋肉には内臓をつくっている「平滑筋」という筋肉と、骨格に付着し筋収縮をすることで、身体を動かしている「横紋筋」、別名「骨格筋」という筋肉の2種類があります。これまで説明してきた単関節筋も多関節筋も、後者です。

内臓の筋肉は、自分の意思とはかかわりなく動きますから、「不随意筋」ともいいます。

これに対して、身体は筋肉を自分の意思で動かしますので、「随意筋」といいます。内臓であるにもかかわらず、心臓だけは横紋筋という筋肉です。けれど、自分で自由自在に止めたり動かしたりできないので、不随意筋であることが心臓の特徴です。心臓は血液を全身に回すポンプですから、よく動くようにと神様が骨格筋と同じように収縮するようにつくったのでしょう。

さて、私たちの意思は、すべて筋肉で表現されます。

内臓の平滑筋（以下、内臓）は、私たちが夜寝ている間にも動いています。24時間業務です。そしてこれは生命維持装置として私たちの「生」を司っています。

いっぽうの骨格筋（以下、筋肉）は、寝ている間にはほとんどがお休み状態で、脳の命令なしには動きません。しかし、ごく一部の筋肉は、無意識に動いています。呼吸を司る筋肉などがそうです。また寝ている間に緊張している筋肉は緊張をとるように、無意識に寝返りをします。

けれど、大部分の筋肉は、私たちの脳が命令して動かしています。これは人間が人間たるゆえんです。脳が命令を下すことで、筋肉が動き、行動するのです。

筋肉には外からの情報を伝える感覚器も備わっていて、暑い、寒いなどの外の情報は、感覚器が捕らえた信号として、脳へ送られます。脳へのインプットは、五感によってなされます。目で見る（視覚）、耳で聞く（聴覚）、手で触る（触覚）、鼻でかぐ（嗅覚）、舌で味わう（味覚）と、感じる（感情）ことでインプットされます。それを脳が処理します。今度は逆に、私たちの言動としてアウトプットするときには、行動する（筋肉を収縮させる）ことによってなされます。

「私たちの意思は、すべて筋肉で表現され」るというのは、つまりそういうことです。

私はよく「筋肉は人生の履歴書です」と表現します。

脳で考えていることは、すべて筋肉にあらわれています。びくっとしたり、驚いたり、恐怖を感じたりするときには、肩がぎゅっと硬くなります。悔しいと思うとこぶしを握ったりします。おいしそうなにおいがすると、ほほの筋肉が緊張して唾液がでます。気持ちがいいと身体の力が抜けたようになります。

ある感覚を味わうと、人はいつも必ず同じ筋収縮をアウトプットしているはずです。

「この人嫌いだなぁ〜」と感じると、筋肉のある部分が常に同じ緊張をしています。

自分の身体の微妙な動きに気づくことはありませんか。そのときのあなたは、どんな感情でしょう。あなたの気持ちがいつも表現される場所があるのではないですか。手だった

り、肩だったり、腰だったりしませんか。その筋肉はどんな状態になっていますか？

†過緊張という筋肉の悲鳴

感情表現による筋肉の収縮は、人によってそれぞれでてくる部位が異なっています。肩で表現する人、胸で表現する人などさまざまです。

五感でえた情報を脳にインプットするとき、それぞれの人は、それぞれの感覚でとらえて取り込んでいます。同じ体験をしても、人それぞれ感じ方が違うのは、利き手に左右があるように、人によってそれぞれ優位に使っている感覚があり、それで判断が異なるからです。そのため、脳が筋肉に伝える命令も人それぞれです。

これは価値観といわれているものです。インプットに、その癖があるように、当然、アウトプットにも癖があります。それによって、使われ過ぎている筋肉と、ほとんど使われない筋肉とに、個人差がでてくるのではないかと思います。

人の意思によって多関節筋が緊張して動きをつくり、単関節筋が緊張して姿勢を保ちます。筋肉は緊張することが仕事です。これはふつうの身体活動です。ですが、いつも同じ姿勢をとるということは、同じ筋肉ばかり酷使され続けているということです。

私たちの筋肉はバランスよく、連動して動く能力をもっています。しかし、大人になるにつれ、人間本来の「自然に動く」という動作からはほど遠い、後天的につくられた動きや思考の癖によって、自ら一部分の筋肉に過緊張を強いているのです。

そうなんです。私たちは、同じ筋肉ばかりに命令を下す癖を、日常生活でいつの間にか身につけてしまっています。そのために、いつも緊張し続けていなければならない働き過ぎの筋肉が存在しているのです。

過緊張の筋肉は硬くなります。違うい方をすると、「コリやハリ」の状態になります。使い過ぎて短縮し、硬くなる感覚です。肩こりをはじめ、身体が重たい、だるい状態は、過緊張を強いられている筋肉が存在するということです。

また、脳からの指示命令がこない、使われていない筋肉でも、硬くなるということは、読者の皆さんも感覚的にご存知だと思います。

それは、いつも緊張を強いられている筋肉の裏側の筋肉、拮抗筋です。脳からの命令が下され緊張を強いられている筋肉とは違い、反射的に引き伸ばされた状態が続きます。その結果、硬くなるのです。萎縮して硬くなる感覚です。

意思により緊張した筋肉は、緊張後には緩む性格をもっています。ですが、極度に過緊張を続けた筋肉は、その弛緩機能も衰えてしまいます。身体は伸びたがっているのに伸ばさずに、同じ動作を続けていると、その感覚のインプットを無視しだすのです。結果緊張しっぱなしの筋肉になるわけです。

さらに、私たちは睡眠することで、意思による筋活動をお休みして、回復する機能をもっているのですが、現代人は熟睡もままならないようです。

不眠の方は大勢います。それほどでなくても、眠りが浅く夜中に目が覚めてしまう、寝返りをうつたびに意識が働く、仕事や遊びで夜ふかしが常態化してそもそも睡眠時間が短い……など、睡眠の質が悪くて、筋肉の緊張がとれない方がたくさんいます。

私たちの生活は筋肉に緊張を常に強いている状態です。さまざまな不調がでてきているのはその結果なのです。

あなたの筋肉は悲鳴をあげていませんか。それはコリやハリとなっています。骨格に歪みはありませんか。肩の高さや脚の長さに差がある、頭が傾いているなどはありませんか。

筋肉は、つきたてのお餅のように軟らかいことが理想です。あなたの筋肉に、弾力はありますか？

†心と身体をむすぶ

「今日は調子がよい」と、あなたが思うのは、どんな状態のときでしょうか。

身体が軽い、集中力が続く、アイディアがでるなど、調子がいいといっても、その感覚は、人それぞれです。他人から「今日は、調子いいねぇ〜」なんて声をかけられても、「そうかなぁ〜」というかすかな感じではないでしょうか。一言で「調子よい」といっても、具体的に感じるよりも、なんとなくそんな感じがすることが多いはずです。これらは「感覚的」な反応ですね。この感覚はあなたの心の声として聞こえてきます。

では「心」といったいどこにあるのでしょう。子供のころは、左胸の辺りをさして「心」とかわいくいっていましたが、大人になると「心は脳」であることは、誰もが知っていることですね。

脳には、外界からの感覚を認識する、身体を動かす、情動をもつ、記憶する、生理機能を司るなどの機能があります。筋肉は、脳の指令によって収縮＝緊張をして、身体を動かします。

私たちの脳は大脳、中脳、小脳、間脳と分類されます。その中でも、大脳には、人間が人間といわれる理由がつまっています。心の動きを司るのです。「知・情・意」といわれる、すべての動物の中で、とくに人間が発達した部分です。そして、心の動きと外からの刺激を認識し、記憶と照らし合わせて、身体＝骨格筋を動かします。感情を身体で表現することは大脳の処理によるものです。

中脳は主に視覚、聴覚情報を中継します。小脳は細かな筋肉の動きやバランス感覚をコントロールしています。これはスポーツスキルなどで役に立っています。

そして間脳は、内臓をコントロールします。私たちの身体を一定の状態に保とうとする「ホメオスタシス」という生理機能を司っています。間脳は、内臓を動かす司令塔です。

とても小さな部分ですが、人間の生命活動の総元締め的な働きをする脳なのです。

間脳のすぐ上、大脳の基底部にあたる場所を「大脳辺縁系」といいます。これは古い大脳皮質とも呼ばれている原始的な脳です。本能の脳ともいわれ、生命活動を営むのに必要な欲求が満たされているかどうかを処理しているのだそうです。

それを「海馬」というところに「快・不快」の感情に振り分けて、しまいこんでいます。

では、間脳が「今日は調子がよい」と認識するのは、どんなときなのか。

さまざまな感情を記憶したり思いだしたりするのは、大脳の上のほう、「大脳新皮質」という部分で主に行なわれますが、それが快かったか、不快だったかの情報を忘れないようにする働きは、海馬で行なわれます。さまざまな情報を「快・不快」の基本的感情で、覚えているのです。

「今日は調子いい」となんとなく感じるのは、さまざまな情報を「快」と感じているときです。具体的なことではなく「なんとなく」という理由はそこにあるのです。

外界で起きるさまざまな情報は、感覚器を通して、大脳に送られ処理され、海馬の快・不快の振り分け作業を通ってきているのです。

そして、この大脳辺縁系は、生命活動の総元締め・間脳にも大きな影響をおよぼしています。これまで、私たちの意識的な感情は、間脳には届いていないとされてきたのですが、近年になり、私たちの意識がこの間脳に影響をおよぼすことが分かってきました。ゆったりとした呼吸や正しい姿勢によって、内臓と内分泌系の働きをコントロールできることが、各種の媒体で発表されています。

大脳や中脳、小脳の指令は、「体性神経」という神経を伝わって脊髄を通り、筋肉へ送られます。筋肉を動かすのが「運動神経」、外界からの情報を受け取るのが「感覚神経」です。そして内臓の場合、間脳の指令は、同じく脊髄を通る「自律神経」を伝わって、内臓の活動やホルモンの分泌をコントロールしているのです。

自律神経の中でも、「交感神経」はアドレナリンを分泌するなど、身体のエネルギーを使って活動しやすくします。逆に、副交感神経は血圧を下げるなど、交感神経によって消耗したエネルギーを補充したり、諸器官の変化を元に戻したりするということが分かっています。

体性神経と自律神経はお互いに関係し合いながら、身体を整えているのです。

私は健康、調子のよい状態というのは、これらの神経系が互いにスムーズに働くことだと考えています。あなたは1日のうちに「心地がよい（快）」と感じることは何回ありますか。気分は、快と不快、どちらが多いですか。
「心地がよい（快）」と感じるのは、身体の様子がどんな状況のときですか？

第二章

コンディショニングという観点でみると

†コンディショニングとは、身体を改善すること

コンディショニングという言葉を、大辞林という辞書で調べてみると、「調整。調節。体調や環境などをととのえること」とあります。総じていえば「整える」という意味だと解釈できます。

ですので、私はコンディショニングを「身体を改善する」という位置づけで、「改善系のトレーニング」という表現で指導させていただいています。

トレーニングというと、どうしても「増進させる」イメージをもたれることが多いので、コンディショニングという言葉が、正しく世の中に広まればいいなぁと思います。

ここからはコンディショニングという考え方で身体を眺め、体調や生活習慣をみてみたいと思います。

心地よいという「快」を、脳に感じさせることができると、心理的にも肉体的にも、調子のいい状態が手に入るのではないかと考えています。この考え方をコンディショニングの原点とします。「心地よい快運動」「頑張らない運動」なんていっています。

快のときの身体の反応は、呼吸が落ち着いて、筋肉が必要以上に緊張していません。身

体が軽くなって温かな状態を、人間は「快＝心地よい」と感じるようです。快という反応は、私たちの能力を最大限に引き出してくれるものです。身体の調子を整える上でも、いちばん大切な感情は「快＝心地がよい」です。

苦しい、辛い、痛い、うまくいかないなどの感情は「不快」として処理されます。このときの状態は、呼吸が浅く、筋肉は緊張を感じ、身体が重い状態のようです。

†コンディショニングは脳のトレーニング？

前章で述べたように、快・不快を見分けて身体をコントロールする司令塔の脳（海馬や大脳新皮質）の命令は、筋肉を動かす体性神経、内臓に働く自律神経によって末梢まで伝えられ、身体を動かします。脳からの命令を中継するのは脊髄です。

背骨の真ん中には穴が開いていて、中には脊髄という脳からの命令を伝える神経束が入っています。背骨は脊髄を守っていると同時に、糸のように枝分かれしている神経を、背骨の間の「椎間」から全身に送りだしています。

枝分かれした細かい神経は、椎間から筋肉や内臓へ指令を送っています。この指令が届いてこそ、身体活動はスムーズになるわけです。

イメージするなら、脳が総司令官で、脊髄は総司令官からの指令を伝える司令官です。そして脊柱は、その司令官たちが並ぶ部屋なのです。

この背骨の並びが崩れると、司令官たちの部屋の通信網は不具合を起こします。たとえば、事故による骨折など、不測の事態で頸椎を損傷すると、首から下の身体がいうことを聞かなくなることがあります。腰椎を損傷したことで、全身が動かなくなるのです。そのくらい背骨は大切な役割を担っています。

そこまで大げさでなくても、同じ姿勢の繰り返しなどで、背骨と背骨の間、椎間が狭くなることがあります。これは椎間の形状が変化する、背骨の1本1本の間隔のバランスが崩れるというイメージでしょうか。

こうなると椎間を通る糸のような神経の伝達経路に不具合が起きて、脳からの指令が行き届かなくなる、行き届きにくくなるということが予測できます。身体の動きすべては、椎間を通って発信されているので、内臓の働きも、筋肉の動きも悪くなります。司令官・脊髄が、総司令官・脳の指令を確実に伝えてこそ、筋肉は動き、内臓は働き、身体活動がスムーズになるというわけです。

トップの命令は中間管理職がしっかりしてこそ、末端にまで行き届き、いい仕事ができ

脊髄の構造

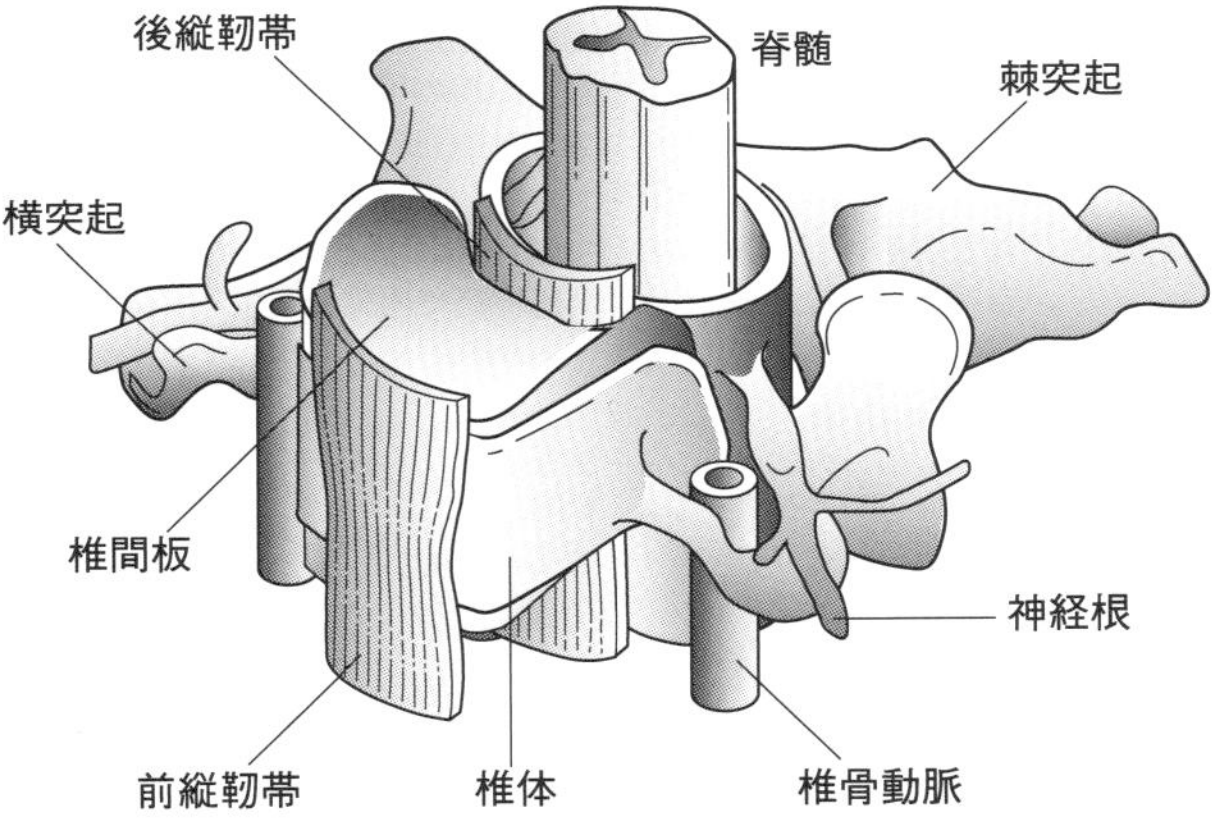

るものです。コンディショニングは、この中間管理職＝中枢器官がうまく働くように、どこのバランスがよくないのか、どこの部署が働いていないのか、その原因は〝長〟の怠けにあるのではないか……なんていうことを調整する、企業コンサルタントのようなものです。

背骨が歪んでいる、猫背、そり腰、はと胸、顎が上がっているなど、身体的な特徴でもある姿勢は、実はこの中間管理職の任務怠慢だったりするのです。脳が命令をだしていても、この中枢器官で、不具合が起きるとよい仕事ができません。

それでも脳はどんどん命令しますが、そのうちあきらめてしまうか、逆に、いうことを

中枢神経
- 脳
  - 大脳…意思によって働き、動き・行動を支配する
  - 間脳…視床下部、視床で人間の生命維持を支配
  - 脳幹…中脳や橋、延髄など、反射や心臓、呼吸などを支配
  - 小脳…体の平衡感覚、筋肉の緊張を支配
- 脊髄……脳からの指令を末梢神経（体性神経、自律神経）へと伝達する指令器官

末梢神経
- 体性神経…感覚神経の運動神経で体の動き（筋肉の動き）を支配
- 自律神経…交感神経と副交感神経で内臓を支配

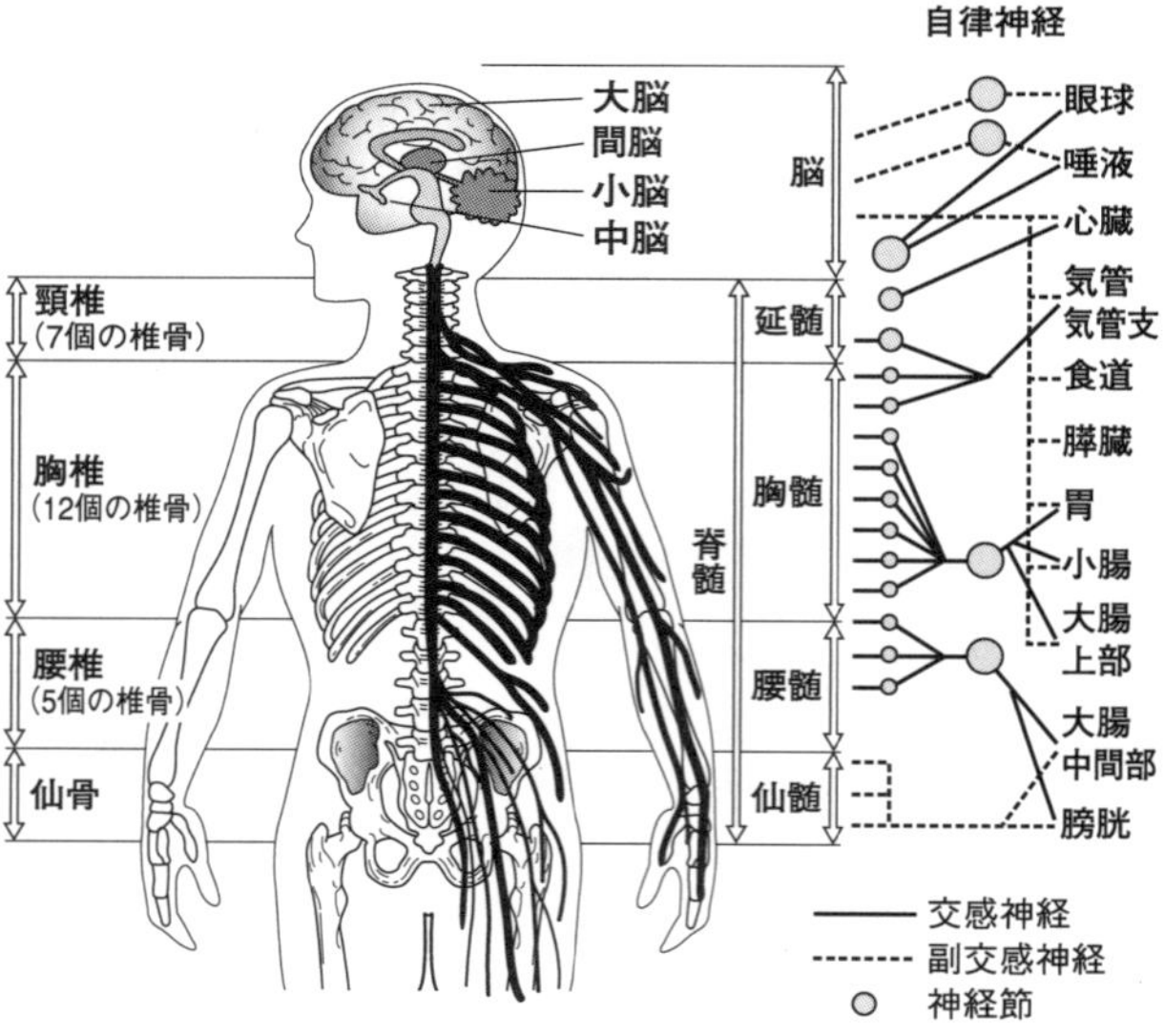

体性神経に支配されている筋肉

頸椎…斜角筋、横隔膜、肩甲挙筋、菱形筋、三角筋、大胸筋（上部）、前鋸筋、棘上筋、棘下筋、大円筋、小円筋、上腕二頭筋、上腕三頭筋ほか上肢の筋肉

胸椎…前鋸筋、上後鋸筋、小胸筋、内肋間筋、外肋間筋、胸横筋ほか胸部上部や上肢の筋肉

腰椎…腰方形筋、大腰筋、腸骨筋、腸直筋、大腿直筋、縫工筋、恥骨筋、大内転筋、短内転筋、長内転筋、薄筋、大腿筋膜張筋、大臀筋、中臀筋、小臀筋ほか下肢の筋肉

仙骨…大腿二頭筋、半膜様筋、半腱様筋ほか

よく聞く部下にだけ命令をだして、コントロールするようになります。こうなると、末端の現場では、働く部下と、働かない部下に分かれてしまうのです。

脳からの指示命令がスムーズに伝わることは、背骨の並びが整っていてこそ、可能になるのです。

逆の方向からみれば、脳を活性化するには、コンディショニングで背骨を整えることが必要なのです。

†手足はコンディショニングを受け止める器官

では、いちばん働いている現場はどこかという観点で身体活動をみてみると、それは「手」と「足」です。手足は現場の最前線というわけです。

「手は第二の脳」「足は第二の心臓」なんて別名をつけられるのもうなずけます。

脳では、いつもさまざまなイメージが湧き起こっています。それを形にして表現するのは、手と足です。会社などでも、よくいうことを聞く部下のことを「手足のような存在」いちばん自分に近い存在を「右腕」なんていいますよね。

手・腕は、身体にぶら下がり、自由自在に動き、脳が抱いたイメージを具体化してくれます。創作物は手が表現者となってあらわれます。たとえば、右手の親指を骨折したとします。洋服を着るにも、食事をするにも、お風呂に入るのも大変です。考えただけでも不自由ですね。

腕をぶら下げている肩が、うまく使えなかったらどうでしょう。外傷、怪我の場合もありえますし、四十肩、五十肩なんていわれる肩周囲炎の状態もあります。腕が上がらない状態は、さまざまな行動を制限します。大好きなゴルフなんてもってのほか、つり革にもつかまれないし、すぐそこのものをとろうと思ってもとれやしない。イライラが募るばかりです。

その最前線たる手が不具合を起こしているかどうかをちょっと観察してみましょう。本を読んでいる手を休めて、手のひらを開いて、デスクの上に手の甲をのせてください。力を抜いて、預ける感覚、脱力することが大切です。

親指はどこにありますか？　手のひら側によっていたり、上から眺めると人差し指と重なったりしていませんか？

これはもう現場が不具合を起こしています。

手を握ったり、開いたりしてみてください。開くときに指はちゃんと伸びますか？

では、片手の手首を振ってみてください。そして、その手の指を1本ずつ、伸ばしながらさすってみましょう。付け根や第二関節を引っ張ってみるのもいいでしょう。

終わったら、握ったり開いたりしてみてください。いかがですか？

もう一度、デスクの上に手を預けます。左右の違いが分かりますか？

そうですね。いまコンディショニングを行なったほうの手は、握りやすいですし、開きやすいですし、親指は外側に戻ってくれましたね。

このようにすぐに答えてくれるのが末梢、現場最前線の重要なところですね。いまは外力で、末梢に刺激を加え、動きをコントロールしたのです。脳ではいま、「お〜、いい動きになったなぁ」と、快の反応が起きていること間違いなしです。

……反対側も同じようにコンディショニングしておいてくださいね。

足は、私たちの移動を行なってくれる器官です。唯一地面についている部分です。足の裏の面積は、体表面積のなんと1％しかないのです。両方あわせても2％です。この狭さで、私たちを支えています。

地面についている面積が減ることで、安定感を欠き、歩行にも変化がでてくることは、容易に想像できますね。

この足の裏は、身体の位置関係を中枢に伝達するという任務を担っています。私たちの身体には、足の裏のどこが地面についているかで、姿勢を決める仕組みがあります。足の裏は、姿勢の戦略を司るためにも、感覚神経がいちばん点在している場所なのです。

さて皆さん、靴下を脱いで、はだしで立ってみてください。両足の間隔は、腰幅くらいです。

さぁ、指は全部ついていますか？　足の裏のどこに体重がのっていますか？　土踏まず以外は床に触れている感覚はありますか？

「よく分からん……」と思っている方もいるはずです。でも本当は、この感覚こそが、歩く上で重要なのです。そんな方は、すぐにコンディショニングを行なってほしいのです。

✝足のコンディショニングで内臓疾患を改善できるかも

「足裏は内臓を映す鏡である」「健康のバロメーターである」といったのは「足操術」を考案した故・寒河江徹先生です。

彼は自分が病気にかかり手術はしたけれど、根本的な解決にならず、不調との戦いだったそうです。そこで東洋の医療や、ヨーロッパの代替医療などを徹底的に学び「足操術」をつくりあげました。現在ではフットセラピーといっています。

私は、この方法をフィットネスに融合して、スタジオプログラムに応用しようという開発を依頼され、それをきっかけにして、フットセラピーを学びました。陸上選手だった私は、足には元々興味があり、解剖学的なことは学んでいました。

フットセラピーは西洋の「リフレクソロジー」と東洋の「つぼ経絡療法」と運動療法の「筋弛緩」をあわせもった方法として開発されていて、効果をだしやすく、患者さんが自分でもできる方法として確立されていることを知って、当時、興味が倍増しました。寒河江先生はフットセラピーを行なうことで、「気血の流れを整えリンパの流れも整える」「間脳調整できる」といっておられます。いまでは多くのドクターたちも、この方法を病院などに取り入れているそうです。

フィットネスでも多くの改善例がみられました。

そもそも足には26個の骨があり、それがアーチ型となって、私たちの体重を支えるバネのような役割をもっています。たくさんの靭帯、たくさんの小さな関節と単関節筋があり、とても細かな動きに対応しています。でこぼこの道を転ばずに歩けるのも、この構造があるからです。

その足の裏には、内臓に影響する「反射区」という部分があるという話を耳にしたことのある方は多いと思います。巷に足ツボ療法やリフレクソロジーのお店がたくさんあるのは、多くの人が癒されている事実のためなのでしょうね。そこへいくと、身体が楽になる、内臓の働きも整うということを実感されるのでしょう。

不思議なことに、調子の悪い箇所の反射区をさわると、本当にそこが硬かったり、痛かったりします。花粉症の方は親指の内側が硬かったり、人差し指と中指の付け根が痛かったりするのです。反射区を発見した方は、凄いですね。

ご自分の足の裏をみてください。

足の裏で健康状態をみるには、顔色と同じ判断をすることができます。ですから色艶がよく、柔らかな状態がよいようです。

マメやタコ、皮膚が硬くなっている場所がありませんか。足の裏は、身体の中でもいちばん新陳代謝の活発な場所です。皮膚が硬くなっていたり、マメやタコができていたりすると、足裏の姿勢戦略を司る感覚神経が鈍磨します。マメやタコができた場所が反射している器官の調子にかかわることもあります。

踵がガサガサしている人は腰痛もち、指の付け根が硬い方は肩こりの方。これ意外と当たっています。

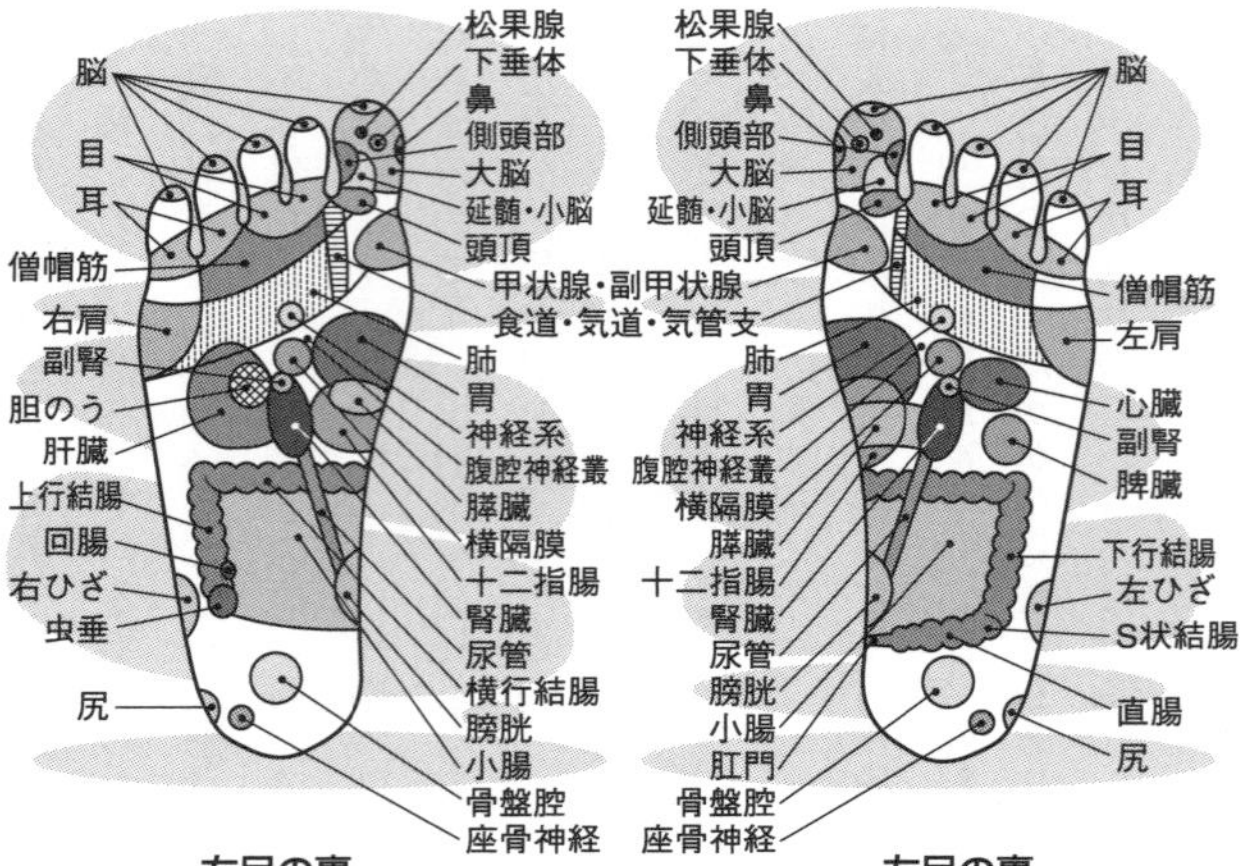
松果腺
下垂体
鼻
側頭部
大脳
延髄・小脳
頭頂
甲状腺・副甲状腺
食道・気道・気管支
肺
胃
神経系
腹腔神経叢
膵臓
横隔膜
十二指腸
腎臓
尿管
横行結腸
膀胱
小腸
骨盤腔
座骨神経
脳
目
耳
僧帽筋
右肩
副腎
胆のう
肝臓
上行結腸
回腸
右ひざ
虫垂
尻
松果腺
下垂体
鼻
側頭部
大脳
延髄・小脳
頭頂
肺
胃
神経系
腹腔神経叢
横隔膜
膵臓
十二指腸
腎臓
尿管
膀胱
小腸
肛門
骨盤腔
座骨神経
脳
目
耳
僧帽筋
左肩
心臓
副腎
脾臓
下行結腸
左ひざ
S状結腸
直腸
尻

右足の裏　　左足の裏

†コンディショニングは中医学の考え方にも通じる

爪の際には中医学でいうツボ「経絡《けいらく》」の、はじまりであり終わりである「井穴《せいけつ》」があります。「経絡」のはじまりや終わりとは、それぞれのエネルギーが湧きでたり、入ったりする場所で、身体の表面に近い位置にあるツボのことです。寒河江先生はこの考え方も取り入れました。フットセラピーは気血の流れを整えるといって、爪の際に刺激を入れ、体調を整える方法も行ないます。

中医学では、身体には生命エネルギーの通り道が14本あり、ここには人間に必要な気血水（津液《しんえき》）が流れているといわれています。そのエネルギーの通り道は、臓腑の調子と通じるものがあり、その症状ともつながっています。

足の小指に力のない方は、冷えやむくみの症状がでやすい、腎・膀胱経が弱いなどということが分かるのです。フットセラピーで便秘が改善されたり、冷えが改善されたりする例は本当に多いです。まさに身体の神秘です。

いま私も中医学を学んでいます。昨年から国際中医師免許が国内でも受験できるようになったということで、門戸が開かれました。人間を全人的にみていく考え方は、コンディショニングに通じるものがあり、身体と感情の関係や、生活習慣と体調の関係などの点で、うなずけるものが多いのです。

中医学では、身体のバランスを陰陽のバランスでみていくのですが、コンディショニングでいうところの、使い過ぎているというのは、陽の過剰の状態「陽実」や「陰虚」に似ていますし、使えていない状態は「陽虚」や「気虚」の状態に似ています。中医学の「五行」の考え方は、感情と臓腑の関係なども明確になっています。

本当にコンディショニングに通じるものがあります。

イライラしやすい方は筋肉が硬くなりやすく、コリなどの症状を訴えます。また高血圧の方や血液がどろどろしている方も興奮しやすい状態の感情癖をおもちです。

また思い悩む、憂いを感じやすい方は、筋肉に力がなく、四肢のコントロールがうまくいかないことが多い。悲しむと胸郭が固くなり、呼吸が浅くなるなどがあらわれることを、経験的に感じます。そんなことをまとめていたところ、中医学の考え方を応用すると、合点がいくことがたくさんありました。

本当に先人たちの知恵には、頭が下がります。そして身体の調子は、やはりバランスをみることが大切ということが分かるのです。

コンディショニングでは些細な身体の信号も見落とさないようにしています。そして、どこの筋肉が緊張しているのか、背骨のどこが動いていないのかと探ります。しかし、筋肉や骨格では解決つかない問題もあります。そんなときには、中医学的なバランスをみて、生活習慣、食事などでもコンディショニングできるようになったら、なんて素晴らしいんだろうと、私は想像しながら一人、相好を崩しているのです。

†体温は健康を知るバロメーター

さて、あなたはご自分の平均体温をご存知ですか？　熱がでたときにしか体温を測らない方は多いと思います。冷えを感じていませんか？　とくに男性は「自分は冷え体質ではない」と思っている方も多いはずです。しかしいまの生活をみてみると、冷えの要因になるものはたくさんあります。

冷えるとどうなるのか。さまざまな身体機能が低下します。癌さえも体温低下が誘引であるといわれているほどです。人間がいちばん機能的に活動できる体温は、36・5度～37度だといわれています。

・36度をきると血行不良が起きてきて、コリやハリがでてくる

・35・5度になると自律神経に支障をきたす
・35度は癌細胞が増殖する
冷え性とは、さまざまな原因で、体温を調節する機能が低下し、血行不良が起きた結果、冷えを感じることです。そして、実際に体温が低下すると低体温症になります。

私たちの体温は腋の下や舌下で測りますね。そこは深部体温に近い場所といわれているからです。しかし、直腸で測ると、腋の下や舌下より0・5度くらい高く、もっと深部では1度近く高いのです。腸内温度は38度で老廃物を処理しています。

ちょっとお腹に手を当ててください。冷たくありませんか。実は、この深部体温が下がっている人が多いというのが現状です。また、手足がほてったり、ちょっとの食事で大汗をかくような方も、いま冷えを感じていなくても、深部は冷えている可能性が大いにあります。

先の中医学でも、身体の中に強すぎる「寒」がこもると、「陽」が入れず外側に隔離された症状があらわれるといいます。これは、いっけん熱症状にみえますが、実は寒、冷えが原因です。熱がでる前、震えがくることは、皆さん一度くらいは体験がありますよね。これとは反対に、外は冷えているのに、胃や内臓に熱がこもるタイプもあります。

いまや体温の調整機構の乱れは、成人の2人に1人ともいわれています。その体調のあらわれ方はさまざまです。

体温がアンバランスになる原因は、生活環境や食事です。エアコン完備の室内は、外気との温度差が激しく、それを感じる機能を低下させます。冷たい飲みものの摂り過ぎは、内臓を冷やす習慣であり、これも温度調節機能を低下させます。

入浴はシャワーだけ、防腐剤あふれる食事や飲みもの、身体を締めつける衣服、靴やスリッパを常時履いている西洋型の生活、歩くことが減ったための筋力低下……など、その原因を挙げはじめたら、くらくらするほど、いまの日本人の生活は問題多しなのです。

しかし、不便な昔型の生活に戻ることはとうてい無理です。そこで、できることを行ない、自分の調子よい状態を確保してほしいのです。自分の生活の中でできることから、まずいくつかはじめるといいと思います。

基本的には、どんな方にも、お風呂には低めの水温（39～40度）に20分くらいは、必ずつかるようにしてほしいですね。これは1日の疲労をとる意味でも、老廃物を外にだす意味でも大切です。

西洋人にとって、お風呂はたんなる洗い場ですが、日本人は入浴で英気を養う習慣があります。湯舟でリラックスしながら、その日一日を振り返ることもできます。その意味でも、入浴時間は大切にしてください。

　また家に帰ったら、スリッパではなく、はだしの習慣が身体にいいことを思い出しましょう。足指を使って歩くことは、末梢までの血液循環を促します。フットセラピーでは、お風呂での足指回しや、足の指と指の間をこする、圧をかけるようにすることで、冷え体質の改善につながると指導します。

　冷えの方が靴下をはいて寝るのは、冷えをもっと促進します。寝ている間に、足の裏で新陳代謝が起きているのですが、それをふさいでしまうのはよくないことです。

　今年の冬は「湯たんぽ」ブームが到来していると聞きました。ですが、湯たんぽのように一晩中温かな道具ではなく、寝入りばなだけを快適にしてくれるようなものを選ぶことをお勧めします。

　また、首や背中やお腹など、冷たい場所には、午前中にカイロを張るというのもいいです。午後には体温は自分で上昇しますので、スタートを少し手伝ってもらうくらいの意味でいいのです。慢性的なコリやハリにもいい方法です。

　ご自身の体温に少し目を向けるだけで、快適さの違いが感じられるかもしれません。体温も体質ではなく、習慣的に改善できるということを知っていただきたいと思います。

†皮膚は臓器であると考えたことがありますか？

皆さんはご自身の皮膚を大切に扱っていますか？　顔のお手入れは万全、手もハンドクリームくらいはつけるから大丈夫なんて思っていませんか。この皮膚、本当は大切な私たちの臓器だということをお話しします。

胃は全部摘出しても代わりになるものがあり死にはいたりません。肝臓も半分まではOKです。死にいたることはありません。しかし皮膚は、3分の1を損傷すると、私たちは死んでしまうのです。さながら内臓ならず外臓といったところでしょうか。

皮膚には多くの感覚神経があり、外部と情報交換をしています。筋肉が私たちの感情を表現する最終アウトプット器官なら、皮膚は最大のインプット器官です。一般的に皮膚感覚などという表現をしますが、直接的なかゆみや、暑さ、寒さだけではない、さまざまな情報が、皮膚から脳へと送られているようです。

中医学では「気」というものを定義づけています。気は、目にみえないところまで説明がなされています。気は、四つに大別でき、元気・宗気・営気・衛気と分けられます。

「元気」とは、親からもらった各臓腑の生理機能の働き、DNAとの関係が深い。

「宗気」とは、心肺を通じて脈の中を流れる、酸素。

「営気」とは、脈の中にあって栄養を血に与えるもの。食物が分解された後の栄養素。

「衛気」とは、脈や体表の周りを走り、外邪を防ぐもの。まさに皮膚の役割そのものですね。

「気配を感じる」とか、「悪寒が走る」などという表現も、皮膚の役割を示しています。

いま、この皮膚にさまざまな問題が発生しているようです。アトピーという疾患は、むかしはありませんでした。またテレビCMなどは、乾燥からくるかゆみ止めの薬の情報を流しています。これもむかしはありませんでした。これらも冷えと並ぶ現代の問題です。

最近では、皮膚のことはずいぶんと科学的に解明されてきました。皮膚の表皮からの信号は、中枢神経や免疫系と密接な関係をもっているそうです。

皮膚のいちばん上にあるのが、角質層です。身体のいちばん外側にあり、一種のバリアの役割を果たしてくれています。この角質が厚くなっているといいます。角質は、健康であれば一定の期間で新陳代謝し入れ替わります。しかし、最近の環境では、身体の水分量不足や、冷えが原因で新陳代謝が遅いのだそうです。水分不足とは口から入れる水分ではなく、細胞を潤す「体液」のことです。

その結果、皮膚が厚くなり、硬くなっているそうです。入浴時間が短いことも影響しているらしいですね。私たちの体感覚や触覚を研ぎ澄ますためには、どうやら皮膚のコンディショニングも必要なようです。潤すこと、柔らかくすることは必須条件です。

お風呂につかることのほかに、乾燥しがちな方は水分や油分を補うことも必要です。なによりも皮膚に必要な良質なたんぱく質の摂取も重要な要素です。

美容という観点ではなく、調子を整える、健康管理という観点から皮膚を整えてみませんか?

†日本文化にコンディショニングの原点をみた

ここまで、コンディショニングという観点からさまざまなことをみてきました。その最後は、日本人であることを大切にしたいということです。

最近「国家の〜」「武士道」「日本人魂」などという言葉が流行りました。そのいっぽうで、外国人がもち込んだ身体づくりのエクササイズも流行っています。

私たちが自分の身体を考えるときにやはり、国民性や歴史をおいては考えられない気がします。

いまこんなことをいっている私も、諸外国のトレーニングや考え方を多く学び、「日本人はまだまだだ」と思ったこともありました。しかし、いまの状態をみてみると、日本というものを見直さなければならない局面にきているのではないかと思うのです。

日本人の身体能力は素晴らしいものがあります。飛脚の存在や武士道の精神は、他の国々に類をみないほど優秀です。

また、日本独自の医術があまり発展しなかった背景には、日本人は疾患の発症が少なかったことがあるらしいのです。四季があり、農作物が豊富で、自然こそが神様。季節ごとに八百万の神様に祈りをささげ、そのときには、歌を歌い、舞を舞うことが、日本人の健康維持の秘訣だったそうです。

そして頭脳は明晰で、諸外国からの情報をそのまま鵜呑みにするのではなく、日本人にあった方法や、環境に変化させる能力はずば抜けていたようです。

ところがいつのころからか、諸外国のものが素晴らしいと、日本人に合った形にアレンジすることなく、そのままを受け入れるようになってしまったのです。

私はフィットネスを通して、そのように感じることが多くありました。日本人は屈筋群が強く、白人は伸筋群が強い。のこぎりや包丁を、日本は引きますが、諸外国は圧して使います。これでなぜ、諸外国と同じ運動で、日本人の能力開発ができるでしょうか。もう少し日本のいいところを見直しましょうというのが、コンディショニングの裏側に流れる考え方です。

和風フィットネスです。

ジャパニーズスタイルフィットネスです。

アジア人には、きっとこちらのほうが向いていることも多々あるはずです。

もっとご先祖様の、生活の知恵を拝借して、私たちの能力開発や、体調の維持増進に役立てたいものです。ですから、コンディショニングでは、そのいいところを取り入れます。

いまは、コンディショニングのすべての種目を、はだしで行ないます。

はだしの効用は、飛脚でも実証されており、100m11秒台の飛脚もいたそうです。ノンストップで7里(約28キロ)を全力疾走できたそうです。凄いですよね。

二つめは、お風呂につかる入浴を推薦します。湯舟に長時間つかる習慣があるのは日本人くらいです。

また、所作といわれる日本独自の立ち方、座り方などは、身体の使い方に大いに役立ちます。

日本の文化や生活習慣のいいところを見直す。そういう柔軟な思考も、コンディショニングです。

第三章
コンディショニングのメカニズム

背骨は人間の要

コンディショニングで、まず着目したい場所は背骨です。これまで説明してきたように、背骨は、人間が重力に逆らう上で、身体の中心的な「軸」の役割を担っています。

背骨は正式には脊柱といいます。脊柱は、私たちの身体の中心にあり、「姿勢の要」といわれています。この脊柱こそが人間が2本足で立ったときに神様が授けてくれた、中心軸なのです。

脊椎動物はたくさんいますが、2本足で立位姿勢をとりながら、四肢を自在に使い、長時間、身体をコントロールできる動物は人間だけです。重力とうまく付き合いながら、動作をコントロールしているのです。

大きな動作をしても倒れないのは、この脊柱の形状にあります。そのために与えられた形なのです。

脊柱は首の骨、頸椎7個、肋骨を支える胸椎12個、腰の骨腰椎5個、そして仙骨、尾骨という椎骨から構成されています。この1個1個の骨は場所によって、少しずつ形を変え、下に行くほど大きくなっています。腰椎が大きいのは、首よりも腰のほうが重い重量に耐えるためだといわれています。

そして全体を眺めるとS字のカーブを描いています。解剖学ではこのS字カーブは、身体にかかるショックを吸収するのに役立っていると習いました。

この彎曲こそが、重力とうまく付き合うためのものなのです。クッションになるという役割も大切ですが、人がさまざまに動く際に、中心軸になるということが、ここでは注目したい点です。

重力に逆らって身体を移動する際には、背骨1本1本が連動して動きをつくります。そ

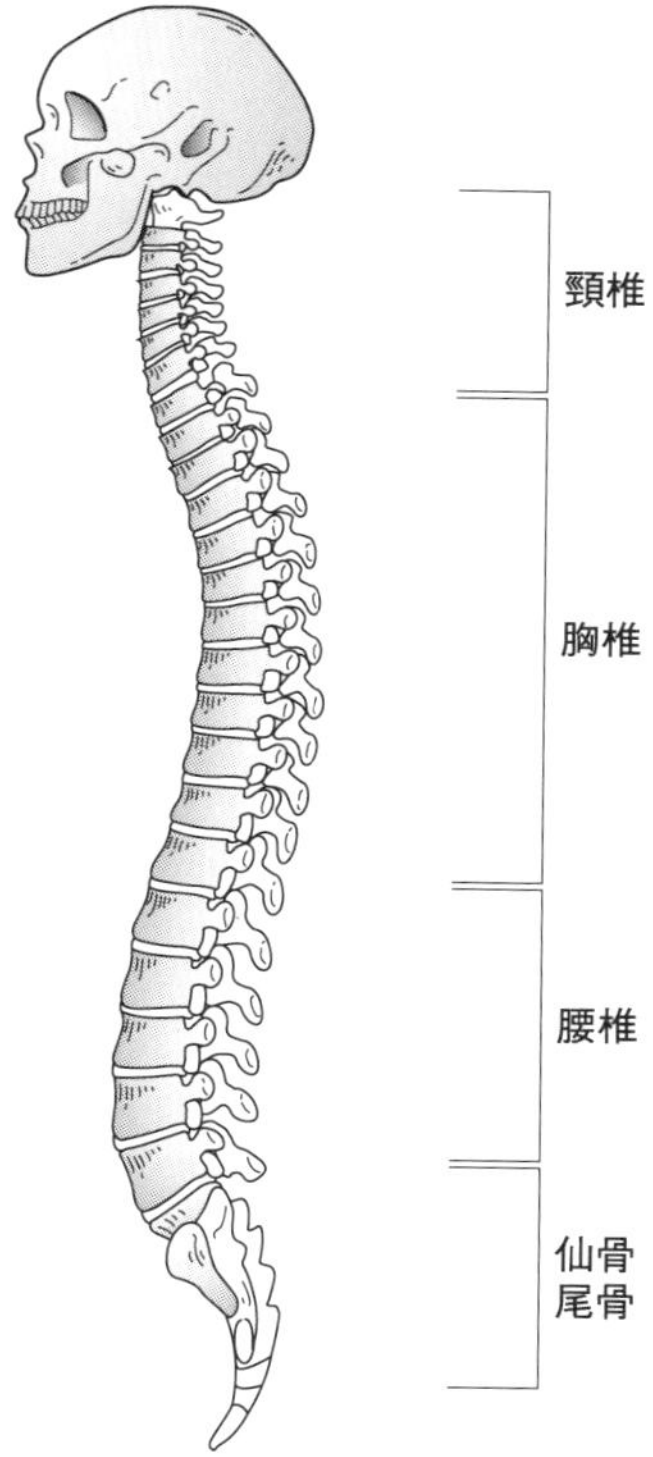

の微妙な動きこそが、身体の安定を保ち、動きを調整し、発揮する力をコントロールしているのです。そして、その並びは、脊柱にぶらさがっている手足や、脊柱にのっかっている頭の動きをコントロールします。

第二章で、動きの司令官という話に触れましたが、言い換えると、背骨が四肢や頭部の位置関係をコントロールしているのです。

片手が上がると、反対の肩は下がる、頭が前にでると背中が丸くなるなど、意識していなくても、動作に従って姿勢が変化するのはこのためです。

神経伝達の司令官が集まっている脊柱は、並びを保つことで姿勢をもコントロールする役割を担う、人間において本当に重要な場所なのです。

その並びは、まずは立位姿勢で確認することができます。なにもしていない状態での静的な姿勢（アライメント）によって、筋肉の関係をみることができます。このときに、その並びが狂っている場合は、身体になにか不具合がでても不思議はない状態であることが考えられますよね。これを「不良姿勢」と呼んでいます。

不良姿勢の形状により、症状や動きの不具合が予測できます。また、動きの不具合、筋肉の動きの反応で、脊柱の並びの不具合を予測することもできると思います。

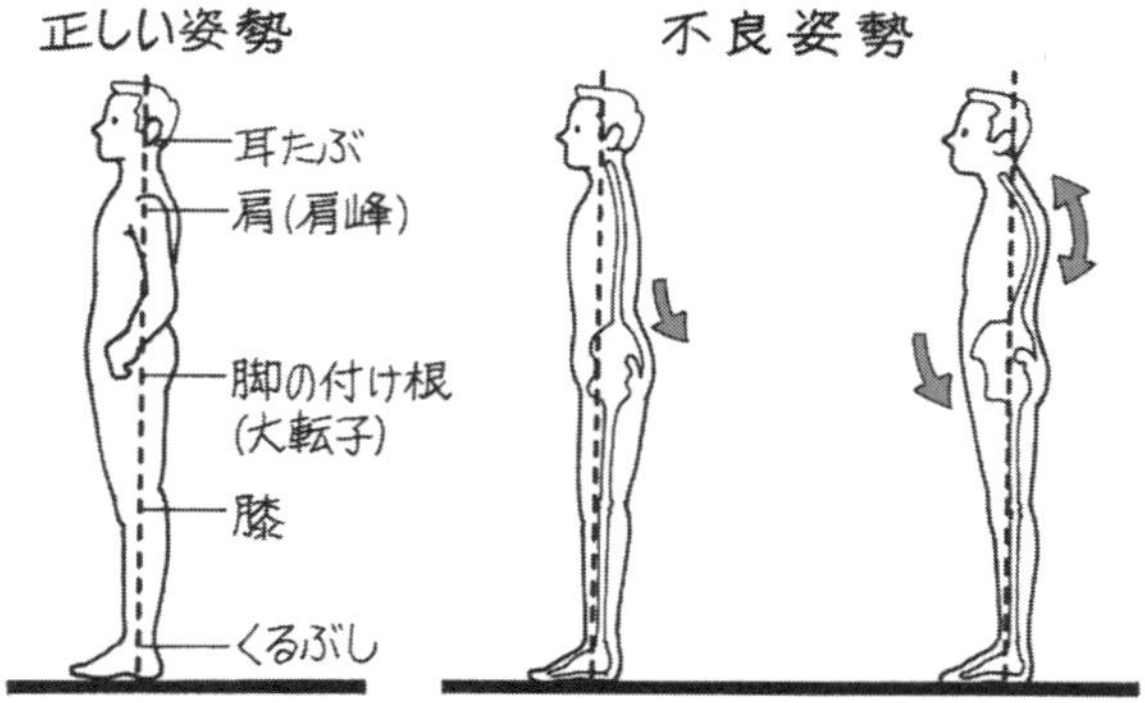

前彎型
骨盤の前傾と腰椎の
前彎がみられる

後彎型
頸椎の過伸展
頭部…前にでている
胸椎…後彎
腰椎…前彎
骨盤…前傾

背骨と四肢の関係

脊柱の椎間から神経が全身に張りめぐらされていることは、すでに説明しましたが、その神経支配をイメージにおいてみると、脊柱の並びと動きの不具合との関係がみつかるかもしれません。

たとえばうまく腕が動かない方は、肩や腕の力がないのではなく、胸椎の並びに不具合があるかもしれません。股関節がうまく動かず、スムーズな足運びができないのは、腰椎に不具合があるかもしれません。反対に胸椎に不具合がみつかると、呼吸、腕・肩の動きがうまくいっていないかもしれません。

自分自身でそんな見方を実践してみると、

意外な発見があります。私たちが動作を考えるとき、どうしても主役的に動く手足に目がいきがちですが、問題の根本はこの中心軸の歪みにあることのほうが多いのです。でも、手足に注意が向いていると、なかなかそれに気づきません。

手足はどんなふうに動いていても、脊柱が重力といい関係を保ち、その並びが安定しているということは、自分が望む力加減や動作に、脊柱が柔軟に反応できるということです。スポーツでも日常生活でも、脊柱の反応がスムーズであるに越したことは、もちろんありません。

「軸を安定させる」というのは、脊柱を棒のように硬くするのではなく、柔らかなムチがしなやかにしなるようなイメージの状態です。結果、動きの伝達がスムーズに起き、力むことなく、力を発揮できるのです。

四肢を無理やり動かそうとして力みが生じると、腰がズキンと痛んだり、首が妙に疲れることは、皆さん経験があると思います。

手足だけで動こうとすると、手足は重力に思いっきり反発して、より大きな力で動かざるをえなくなります。これは脊柱の準備ができていない状態です。こうなると身体は、重力とうまく付き合えない「反発状態」におちいります。それは脊柱が安定していない状態ということです。

力を発揮するための四肢の動かし方には、両者のバランス、つまり全体の姿勢が大切なのです。

スポーツの世界では、このことを「フォーム」と呼びます。日常のふつうの行動である、歩く、座る、パソコンを打つ、本を読む、階段を上がるなども、すべてスポーツ同様に、フォームが大切なのです。

組織のたとえで説明すれば、司令官（脊髄）が指示する前に、現場（手足）がいいか悪いか分からないけれどやってみたということになります。勝手なことをしているのです。これは成功することもあれば、失敗もある。成功している（脊柱が重力といい関係を保っている）ならば問題は発生しないので、総司令官はOKをだします。

しかし、失敗すると、経験の浅い現場は帳尻合わせしようとします。不必要な部署（筋肉や関節）にまで負担を押しつけるのです。こうして成功と帳尻合わせを繰り返しているうちに、しまいに現場では、どれが正しいか分からなくなっていきます。こうなってしまったら、その組織の崩壊は間もなくです。

同様に、無意識に人が動く際、いいフォームのときもあれば、悪いフォームでの帳尻合わせのときもあります。成功と帳尻合わせを繰り返すうちに、たくさん働く筋肉と、あまり働かない筋肉がでてきます。これが歪みや不具合につながるのです。

これを繰り返すと、筋肉たちが活動を停止してしまう場合もあります。これが痛みやハリなどの、慢性的な症状なのかもしれませんね。四肢を力みなくスムーズに動かすこと、帳尻合わせでない動き方が重要なのです。

†背骨の役割

脊柱は頸椎7、胸椎12、腰椎5、仙骨、尾骨とからなり、胸椎は肋骨と、仙骨は骨盤と関節をつくっています。その関節面は75個にもなります。脊椎の中心部や脊椎と脊椎の間、椎間には、クッションの役割をもつゼラチン質の組織があって、衝撃を吸収するようになっています。そして、この脊柱に沿って靭帯が付着しています。

靭帯の役割は、関節の受動的な動きを補強することです。身体の動きに対して、背骨の靭帯は中心的な役割を担っています。スピードのある動き、突然の動き、姿勢の変化、過伸展、無理やり背中を反らすような動き。そんなときには、身体に大きなダメージが生じないように、痛みをださないように働きます。動きの変化に反応し、姿勢を安定させる仕事をするのです。

靭帯は自ら伸び縮みすることはできません。靭帯は、知覚神経細胞を多く含み、関節の動きを信号にして脳へ送ります。そして、運動神経に指示をして、関節の周りの筋肉に動きを伝え、筋肉をコントロールするという仕組みをもっています。

身体への外力の衝撃が大きすぎたり持続的な負担をかけすぎたりすると、歪み程度ではすまない、椎間板ヘルニアやすべり症という、靭帯にまで変異を起こさせてしまう症状がでることもあります。症状がひどいと、整形外科的な処置が必要になります。椎間板ヘルニアやすべり症は、大きな力を必要とするスポーツだけでなく、同じ姿勢をとり続けた不良姿勢でも起こる場合があります。このようなことが起きないように、背骨もコンディショニングする必要があるわけです。

1本1本の靭帯に沿うように、また背骨1本1本をつなぐように、小さな筋肉がついています。これらの筋肉たちは、靭帯からの信号や、ときには筋肉そのものにかかる、身体のブレや動きをキャッチして、脊椎の並びの微妙な調整をしています。一つ一つの関節は大きな動きはしませんが、全体が連動して身体の動きをつくります。

後ろに反ったり、前にお辞儀をしたり、振り向く動きなどは、動きの大小によらず、これらの筋肉たちのコントロールによって、身体が大きくブレたり、四肢を酷使したりしなくても、姿勢の安定を保っているというわけです。

この役割は、脊柱周りの、身体を支える単関節筋が担っています。ですから、単関節筋の弾力性が常によい状態でないことには、背骨がしなやかに動かない、椎間の安定が図れないということになるのです。

脊柱周りの単関節筋たちがうまく力を発揮すると、脊椎を垂直方向に、身体を持ち上げる方向へ働きます。そのため、椎間は常にちょうどよい間隔を保ちます。みた目にはスッとして姿勢がよいということになるのです。

脊椎の1本1本の間が保たれれば、自在に姿勢を変化させても、スムーズな姿勢の変化に対応することができます。また背骨が重力に耐えられるように姿勢を安定させてくれるのです。

そうなんです。これらの筋肉は常に重力に逆らうように常に小さな力をだし続けています。ですから、悪い姿勢や動き方の癖で、いつもストレスにさらされてしまう筋肉がでてきます。

けれど、身体の奥にある、深層部の筋肉ですから、意識してそこだけ動かすということがなかなかできません。

そこで、これら脊柱周りの単関節筋のコンディショニングは、「意識してよい姿勢を保つ」ということになります。よい姿勢であれば、これらの筋肉の働きは、常に安定し、身体のバランスをとり、大きな衝撃などにも耐えられる予備力を発揮するということになるはずなのです。

†脊柱を守る筋肉

身体の深層部に比較的に大きな筋肉があります。「腹横筋」「多裂筋」「横隔膜」「骨盤底筋群」といった筋肉です。多裂筋以外は、腹部周りにあります。

この四つの筋肉たちは、専門家たちから狭義の意味で「コア」といわれています。ほかには「インナーユニット」とも呼ばれています。

読者の皆さんは、「丹田」という言葉を聞いたことがあると思います。解釈の違いは多少あれど、「丹田」とは、これら背骨を支える筋肉を語っていることもあるようです。

これらの筋肉は、最近ではずいぶんと分析され、その仕組みも分かってきました。一般的な理解では、これら四つの筋肉はお腹をコルセットのようにつつみ、「腹腔」というスペースを形成しているといわれています。コアの役割は、内臓を保護していると同時に、姿勢の安定に関与する筋群として位置づけられています。

腹腔とは、内臓の詰まっている場所です。内臓は胸郭の下から、骨盤までの間に集中しています。この腹腔は内臓を機能的に働かせるために、容量を変えずに形を自在に変えられる柔軟性をもっているといわれています。

その元締めは腹横筋といわれる胴巻きのような筋肉です。お腹をつつむように、いちばん奥に位置しています。内臓にいちばん近い筋肉です。

これが常に一定の圧をかけていることが、内臓を機能的に働かせる上で重要です。この圧力を腹圧ともいいますが、それは内臓の位置を安定させ、脊柱の生理的彎曲を維持します。腹圧が一定にかかっている状態で生理的な彎曲の維持できている身体を自然体といいます。

そして、この腹横筋は、私たちが身体を動かそうとするとき、筋肉の中でいちばん早く収縮を起こす筋肉なのです。それとほぼ同時くらいに、骨盤底筋群、多裂筋、横隔膜も収縮して、身体を安定させようとします。

これが、先に腹横筋を元締めといったゆえんです。

骨盤底筋群は、骨盤を下からハンモック状に支えているといわれていて、骨盤の安定のために働きます。ちょうど下からふたをしているイメージで、腹腔の容積が変化しないように保つ働きをします。

この筋肉がうまく働かないと、内臓が下垂傾向になったり、股関節がうまく働かなくなったり、高齢になってくると尿失禁、便失禁などにもつながります。いま、若いお嬢さんたちがくしゃみをしただけで失禁してしまう傾向にある、なんてニュースを聞きますが、姿勢の悪さから、この筋肉の働きが落ちているのかもしれません。

多裂筋は、腹部だけでなく、背骨をつなぐ筋肉として位置しています。背骨の横にある「横突起」と中央にある「棘突起」を二つまたぎで斜めにつないでいます。腰部の安定や脊柱全体を支えるように働き、振り返りの動作に関与しています。股関節、体幹、骨盤が動く際にも、体幹部を安定させるように働いているというわけです。

この筋肉は身体をひねるときに大きな力をだすのですが、もう一つ大切な役割は、安定化筋として、常に小さな力をだしていることです。腹横筋と同時に働くと、身体を垂直方向に持ち上げるような働きがあるのです。そう、姿勢がよくなるイメージです。ですから、動こうという信号が送られると、腹横筋と同時レベル（ほんの少し遅れる感じ）で収縮します。これは姿勢を安定させる反応といえるのです。

最後は横隔膜。胸郭と腹腔の間、肋骨の内側に落下傘のように位置しています。肺とほかの内臓を分けている格好です。この筋肉は「しゃっくり」で意識できます、しゃっくりは横隔膜の痙攣です。腹横筋と共同して働き、胸郭の肺の働きと、腹腔の圧力を調整している筋肉といわれています。呼吸はこの筋肉の働きでコントロールされています。

これら四つの筋肉は共同して、身体を動かそうとするときに、いち早く収縮して、腹圧を高め、背骨を支えようとするのです。

しかし現代人は、日常生活の癖、呼吸の癖、運動の癖、そして肥満により、これらの筋肉の働きを鈍らせ、腹圧を落とした状態をつくっています。お腹を突きだしていたり猫背でいたりすると、腹圧が落ちて、それらの筋肉が怠慢になっています。

結果、姿勢がアンバランスになり、身体活動だけでなく、内臓が下垂したりして、体調にまでさまざまな問題を発生させることになるのです。まさにメタボリックもそうですね。

†インナーユニットは呼吸でコントロールできる

脊柱周りの単関節筋のコンディショニングは、意識してよい姿勢をとることでした。では、これら四つのインナーユニットはどのようにコンディショニングできるのでしょうか。腹横筋コントロールは強制的に息を吐くことで、筋収縮を促せます。これは呼吸のトレーニング、肺リハビリテーションのときに用いられる方法です。そこまではなくても、腹横筋を意識して動かすこと、息の出し入れ、すなわち呼吸を意識的に行なうことで、コントロールが可能ではないかと考えてみました。

呼吸は無意識といいますか、日常生活ではあまり意識して行なってはいませんね。しかし、生きていく上での、基本的な酸素の出し入れは、無意識に、かついちばん盛んに行なわれている筋活動です。

呼吸をコントロールしようとしたときに、意外と呼吸をきちんとできていないことに気づきます。呼吸は毎日毎日、1日に2万回以上行なっているのに、です。

呼吸を観察すると、呼吸に関与する呼吸筋の使い方に癖があったり、腹横筋が使えず、脊柱周りの単関節筋が緊張するような呼吸の癖があったり、肩で呼吸をしている人が多いことに気づきました。

人間が呼吸を獲得した進化の過程をみてみると、胸部をつくる筋肉と横隔膜の関係を垣間みることができます。

肺は自力で動くことができません。息を吐くと肺の中の圧が下がる、次はお腹の圧をコントロールして肺が膨らむ、つまり息を吸うことになります。これは海から上がり、陸上の脊椎動物が世に誕生したときに、えらの働きが体内に移行し、胴体を膨らませて呼吸する仕組みになったようです。

通常の呼吸では横隔膜が主導します。横隔膜と首周りにある呼吸に関与する筋肉には、えらのなごりがあるようです。

運動時や緊張時に、喉の辺りが緊張したり、肩で息をするのは、胴体を動かさないで、手っ取り早く酸素を取り入れようとする働きです。首周りの呼吸に関与する筋肉が反応するからです。酸素は手っ取り早く入りますが、背骨を安定するという働きは、これでは確立できず、脊椎動物としての呼吸の役割が果たせていません。これもひょっとして退化なのでしょうか。

さて背骨を支えるインナーユニットに話を戻すと、腹横筋と横隔膜は、まさに呼吸に関与している、呼吸の主導を担っている筋肉です。ですから呼吸を意識的に行なって正しい呼吸を体得することが、インナーユニット活性にもつながるのです。

しかしよく考えてみると、学校などで誰かから、正しい呼吸を教えてもらったことはありませんね。泳ぐときの息継ぎくらいでしょうか。また、体操のときの深呼吸くらいでしょうか。

ちなみに体操のときの深呼吸、胸を張るような呼吸の仕方は、実は正しい呼吸ではありません。背中を反らせてしまっては、インナーユニットの活性にはならないのです。

こうしてみてみると、呼吸の体得もコンディショニングになりそうですね。

†そもそも呼吸ってなに？

インナーユニットが呼吸でコントロールされることに軽く触れましたが、ここでその仕組みを少し具体的にみてみることにしましょう。このことはコンディショニングを成功させる上では、もっとも重要な方法になるということを覚えておいてください。

呼吸という無意識の動作を意識して、呼吸をコントロールできるだけでも、身体能力は格段に改善されます。

呼吸によって、酸素と二酸化炭素が入れ替えられます。ガス交換の役割です。これはエネルギーを効率よく使うための、生きていくのに最重要な活動です。

呼吸の能力は肺活量などで測定をします。機械にホースでつながった漏斗《じょうご》のようなものに、口からフーッと息を吹き込む、あれです。肺にどのくらいの空気を取り込めるのか、どのくらいの息を吐き出せるのか、などの能力をみます。それと運動能力の関係なども確認できたりします。体力測定などで肺活量を測っていたのは、そのためですね。

また、最近では呼吸のスピードや深さが、脳をコントロールするという研究をなさっている方もいるそうです。その結果、感情をもコントロールできるのが呼吸法だといいます。速い呼吸と遅い呼吸では、脳内ホルモンの分泌が違うのだといいます。その結果、感情をもコントロールできるのが呼吸法だといっている書物もあります。先人たちの残したさまざまな体操などにも、これを裏づけるかのようなものがたくさんあります。禅における丹田呼吸などはその代表といえるでしょう。

本書では、呼吸法で呼吸筋と姿勢、動作がコントロールできるということに着目したいと考えます。

「呼吸はすべての動作の要である」といっても過言ではありません。力を入れようとすると無意識に呼吸を止めてしまう。反対に、無意識に息を止めていると身体中の筋肉は緊張してしまいます。呼吸が浅いと背中が緊張して、動きを制限します。私たちは緊張すると無意識に息を大きく吐いたりしますね。これで身体と精神をコントロールしようとしているのです。

呼吸のメカニズムを知ることで呼吸をイメージでき、呼吸法によってコントロールをすることで、姿勢や動作を安定させる、あわよくば脳までもすっきりさせられないかということが、このコンディショニングの狙いです。

その結果、意識せずとも、動作時の無意識の呼吸だけで、身体を安定させてくれるというところまで進化させたいのです。

呼吸をコントロールすることは腹圧を安定させることにつながります。身体の中心軸、背骨が安定すれば、身体も動作も安定するのです。

†呼吸のメカニズム

呼吸は、横隔膜と肋骨の間の肋間筋の収縮弛緩によってコントロールされています。すでに述べたように、肺は、息を吸うために膨らむことも息を吐くために縮むことも、自分の力ではできません。肺を被っている胸郭によって、膨らんだり縮んだりしています。胸郭は12本の肋骨によって、楕円形をつくっています。もう少し正確にいうと、胸椎（背骨）、肋骨、胸骨（胸の中心にある板状の骨）で形づくられています。この肋骨をつないでいるのが内外の肋間筋。そしてそれを下からふたをするように、落下傘形になっているのが横隔膜ですね。

横隔膜は呼吸、発声、咳、排便などの機能に影響を与えています。

横隔膜が収縮すると横隔膜は引き下がり、肋間が開きます。胸郭が広がり、息が入ってくる。横隔膜の収縮が元に戻ると横隔膜は上にあがり肋間も弛緩して、息を吐く。こういう仕組みになっているのです。

ふだんの呼吸では、この横隔膜の小さな上下動が起きているだけです。この働きが鈍ると、呼吸のみならずさまざまな身体機能に影響を与えます。便秘の方は、この横隔膜の働きを取り戻すだけで、その解消につながったりするのです。

小さなころ習った体操の深呼吸は、胸郭を開こうと胸を前に突き出した方法です。しかしそれでは、背骨が反るだけです。肋骨が若干は開くのでしょうが、深い呼吸はなされないというのが、正直なところです。

では、どうすればたくさん酸素を取り込むことができるのか。

ふだんの呼吸は、1分間に12回から20回、あいだをとって16回と仮定すると、1時間で960回、1日となると2万3040回です。これくらい呼吸筋は収縮と弛緩を繰り返しているわけです。通常の呼吸では横隔膜の収縮弛緩のみで呼吸をしているようです。胸部も腹部もさほど動かない、動いていることをよく観察しないと、意識できないことが多いようです。

深い呼吸をすると、意識的に息を取り込もうとして、胸部も腹部も動かします。このときには胸郭は上にも前にも横にも広がることを、まずは知ってください。

肋骨の1番目と2番目は、胸郭の上下の拡大に関与します。前への拡大には上方の肋骨、横への拡大には下方の肋骨が関与しています。

この肋骨の動きが、私たちの呼吸の質を決めています。

通常呼吸は横隔膜の収縮と肋間筋の弾力、言い換えると、胸郭の柔らかさで行なわれています。意識的に肋間筋が収縮、弛緩を行なっているのではなく、肋間筋が弾力性をもっていることで、肺の働き方が保たれているのです。ですから、胸郭は常に弾力に富んだ状態であることが望ましいです。

そして強制的に呼吸を行なったときに、肋間筋の収縮やその他周りの呼吸筋の共同筋たちが働くのです。

ここまでが呼吸の基本的なメカニズムです。

†腹式呼吸と胸式呼吸

世の中でよいといわれている、腹式呼吸に焦点を当ててみましょう。

腹式呼吸は、副交感神経優位の呼吸といわれていて、深い呼吸です。寝ているときにはこの呼吸になります。この呼吸を強制的に行なうことで気分が落ち着くのは、副交感神経優位になるためです。

腹式呼吸の特徴は、「息を吸うときにお腹を膨らませる」と、腹部でのコントロールを必ず意識することです。これは腹部の筋肉に〝意思〟を伝えて、横隔膜の収縮の大きさをコントロールしているのです。

息を吐くときには、胸郭の弾力を使います。強制的に息を吐く、強制呼気のときには、腹部を収縮させて横隔膜を押し上げます。これは横隔膜と腹横筋がつながっているためです。意識的に横隔膜を上下させることはできないため、腹横筋から信号を送るつもりで「お腹を膨らませて～」と意識的に伝えるのです。

ここで大切なことは、腹式呼吸をしたときに、胸郭の上方が前に、下方が横に広がっているかということです。そうでなければ、背中が反っている可能性があります。

背中が反っているということは、交感神経が優位のままであるということです。これではインナーユニットは安定しませんし、肺も十分に膨らんでいません。

ちょっと腹式呼吸をして、胸郭の動きを確かめてみましょうか。

いかがですか？

反対に胸式呼吸では、息を吸い込もうとするときに、胸を膨らませようと意識が働くことで、肋間筋が先に働き、胸郭を前や上へ引き上げます。

ですから、息を吸ったときにお腹がへこむようになります。これは横隔膜の動きが大きくでないために、肺の膨らみは意外に少なく、緊張を誘発する、交感神経優位型の呼吸として位置づけられています。

これらのことから、呼吸をコントロールするイメージができると、気分もコントロールできると思います。

コンディショニングでは、調子の悪い方ほど、この呼吸の元々もっている自然な反応が狂っていることに着目しました。

体調が悪い方の多くは、胸郭が硬い方なのです。

ゆったりとしているときにも、胸郭の上部が動いているようにみえる。深い呼吸をさせても、背中を反らすような動きをしている。胸骨が前に膨らまないなどの特徴があるのです。

これは、インナーユニットがうまく働かないために背骨の並びが狂い、胸郭がうまく動かず、大切な呼吸を司る本来の筋肉の代わりに働かされている別な筋肉がたくさんあるということです。

たとえば、肩関節の動きが悪い、肩が痛い方などの中には、肩甲骨までも呼吸に関与させてしまっていることがあります。

†頭を支える筋肉たち

コンディショニングを行なう上で、頭の位置がポイントになることが多くあります。皆さんの周りには、常に頭が傾いている方、いませんか？

免許証の写真を撮るときに必ず頭の角度を注意される、片側の首がこる、パソコンの画面やＴＶなど同じほうに置いてないとなんだか落ち着かない……なんていう方々。なにを隠そう私もそのうちの１人なのですが、こういう方には呼吸が浅い人が多く、また肩こり性の方もいます。

首は重たい頭を支えています。成人の頭部は、だいたい5・5キロだといわれています。細い首でこの重さを支え、頭を前後、左右、回旋と動かす細い筋肉が、頭と7本の頸椎についています。常に目でなにかを追っかけ、頭を動かす私たちの動きを支えてくれているのが、この筋肉たちです。

顎をつきだしているような姿勢の方は、肩甲骨の間にある胸椎から背中辺りまで、頭の重さが影響を与えている場合があります。頭を支える筋肉には、肩甲骨や、鎖骨、胸椎につながるものもあるのです。

肩がこる、背中が痛い、目が疲れるなどは、たいていの場合、頭の位置に原因があるといっても過言ではありません。

これらの首周りの筋肉は、呼吸のときにも、共同筋として働いている筋肉です。ですから呼吸を主導的に担っている筋肉がきちんと役割を果たさないと、首周りの筋肉たちがフル回転して働かざるをえないのです。この状態が続けば、首周りの筋肉たちが悲鳴を上げて反乱を起こしても、不思議ではないですね。

私たちは生まれて「おぎゃあ~おぎゃあ~」と泣きながら息を吐くことで、呼吸筋をトレーニングして、3か月くらいすると首がすわります。生まれたての赤ちゃんは反射的に首の回旋を行なっています。目がみえはじめて、みるという意思が働きはじめます。すると、自分の意思で首の回旋をするようになり、頭を身体の中心にとどめることができるようになります。歩く前の人間が最初に、意識的に動かす筋肉がここなのです。

身体の真ん中を意識すること。これが中心の意識のはじまりです。

頭の位置が傾いている人たちは、この頭の位置の感覚がずれている、中心を認知できていないのです。パソコンやTVの位置などにこだわりのある方は、視線の使い方に癖があることが多く、そのために使い過ぎている筋肉と、使われていない筋肉の差がでてきているのです。

反対に、頭の位置で中心を捉えられるようになると、自然と身体にいい体勢も捉えられるようになってきます。

コンディショニングでは、呼吸の次に、頭の位置を確認してもらい、自分のよい状態を知ってもらっています。

†腕を動かす筋肉

私たちは動こうとすると必ず、まず腕や脚を意識して動かします。首がすわった赤ちゃんは、手でなにかをつかもうとしたりしながら、身体の動きを獲得していきます。脚よりも、まずは手の方が先に動きを発揮するのです。

腕は胴体にぶら下がっています。腕は肩甲骨を介して背中に、鎖骨を介して胸骨とつながっています。腕の重さは大人で3キロから5キロ、両方で10キロ近くになります。

この部分は鎖骨と胸骨のみで関節をつくっています。「いったいどこからが、腕か」というと、正しくは喉の下、鎖骨のはじまりの、くぼんだところからです。

一般の人が考える肩の位置から腕がついていると思って動かすのと、喉の下から腕がついていると思って動かすのとでは、腕の動き具合が違います。ボクサーなどは、リーチの長さに違いがでます。四十肩や五十肩などになるのは、肩から腕を無理やり動かしている場合が多いようです。

腕を動かすとは、鎖骨、肩甲骨の動きを胸椎、胸骨に伝えることで、実際は体幹部から動いているということを知ってほしいと思います。腕を前にだすときは背中が丸くなり、腕を片方上げるときは、背中の左右の脊柱周りの単関節筋たちがバランスをとって、姿勢を維持しているのです。腕を動かすことも背骨に影響を与えています。

肩甲骨の動き、胸郭の動きは、呼吸にも影響していることはすでに説明しました。言い換えると、腕の動きは呼吸にも影響を及ぼすのです。そういう見方で考えると、腕の動きが、呼吸や体幹の安定に影響を与えていることが予測できます。

腕は、身体の中でも特によく使う部位です。腕しか使っていないという意識で動いていると、体幹部や呼吸の変化が分かりません。つまり、腕の使い方のみに焦点を当てても、動きは改善しないということが分かります。

肩を痛めるのは、胸椎の動きが悪くなっているからと考えられます。また、筋肉の動きは背骨を通して全身が連携していますので、腰椎周り、骨盤周りの筋肉にも、悪い動きが連鎖している場合があります。

座ったまま腕ばかり使って仕事をしている方には、まずは立ち上って、オフィス内を歩くことからお勧めします。そうした動作は、背骨周りを動かし、肩甲骨や鎖骨をも動かしてくれるのです。

コンディショニングでは、その部位の動きだけに目を向けるのではなく、全身的にみていくという特長があります。

†下肢を動かす筋肉

私たちが完全に二足歩行になり、手が移動手段ではなく、作業のためだけに使えるようになったために、文明は発展し、人間の能力が開花しました。考えてみると、移動手段だけに使える脚という器官の能力もたいしたものです。先に書いたように、足裏の感覚器は人間の空間位置を感知します。なんといっても、地面に足の裏だけしか接することなく移動できるわけです。

脚は、足の裏、足首、膝、股関節と積み木のように積み上げられ、骨盤、そして背骨につながります。

私たちは移動するときに、どんな意識でいるでしょうか。前に進む動作のときに、です。脚を振りだすとか、股関節を前後に動かす……。

そうです。「股関節は前後に動かすもの」と思っている人が、意外に多いのです。

私たちがふつうに真っ直ぐ歩ける理由は、股関節が前後に動くからと思っている方、それは間違いです。

脚は前後に動いているようにみえますが、正しくはそうではありません。実は、股関節は脚を前にだし、地面につき、身体を前に押し出すという間に、さまざまな動きをします。外回し、外振りだし、内回し、内側に寄せる動きなど、股関節ができる、あらゆる動きを行なって、真っ直ぐ歩くという動作を完成させます。

股関節は、すり鉢のような形の骨盤をのせ、脊柱へとつながっています。骨盤によって、上部からの体重を受ける下肢ですが、股関節にはその重さを分散させ、下肢のストレスを軽減、吸収する働きがあります。脚の筋肉は、股関節で上体の重さを二分割させ、衝撃を吸収しています。脚が1本の骨でなく、また膝が中間にあるのも、衝撃吸収のためです。人間が重力に逆らって移動できるのも、この構造のためでしょう。

人間の身体はみればみるほど、本当に精巧に緻密につくられています。

コンディショニングという観点から下肢をみるときには、足と足首、膝と股関節、股関節と骨盤というように、三つに分けて考えます。その中でも股関節と骨盤はインナーユニットが連動していますので重要です。骨盤底筋群や腹横筋群は骨盤に付着しており、股関節の動きは、骨盤や背骨の動きに影響を与えるからです。さらに、それは呼吸にも影響を与えます。

骨盤の左右の高さが違うと、身体がねじれてみえたり、脚の長さが左右で違ったりします。また足の着地の仕方は歩行にも影響を与えます。下肢の動きをみるときにも、体幹部分との関係がどうやらはずせませんね。

こうしてコンディショニングのメカニズムをみていくと、一つの部位の改善が、全身の改善につながることがお分かりいただけると思います。ただそれには、どこをコンディショニングすれば、なににいいのかという連鎖の発想がカギになります。

筋肉のパフォーマンスを上げるには

そしてもう一つ、確認しておきたいことがあります。筋肉が力を発揮する仕組みです。筋肉が筋力を発揮するとは、専門的には「張力を発揮する」といいます。

一口に筋肉が張力を発揮するといっても、縮みながら張力を発揮する「短縮性筋収縮」、伸びながら張力を発揮する「伸張性筋収縮」、そして筋肉が長さを変えないで張力を発揮する「等尺性筋収縮」などがあります。

具体例を示しましょう。重たい荷物を持ち上げるときには短縮性筋収縮、その荷物をそっと床に置くには伸張性筋収縮、そして重さを感じながら荷物を持ち続けるのは等尺性筋収縮です。

これらはすべて筋肉が重力に逆らって力をだす仕組みです。またそれぞれの筋肉の役割もみてみましょう。

関節を曲げるときには、縮む筋肉と、伸びる筋肉があります。そのときにどちらの筋肉が力を発揮する役割なのか、どの筋肉が張力を発揮しているかが、重力との関係ということになります。身体を動かすときに張力を発揮している筋はエネルギーを使い、筋繊維を刺激しています。いつも張力を多く発揮する筋肉と、発揮しない筋肉があるから身体に歪みが起こるわけです。

使われない部位には、脂肪がつきやすくなります。二の腕、お腹の横の部分、内腿などが、脂肪がつきやすい部分の代表でしょうか。ですから、そこの筋肉を使うということもコンディショニングになります。

しかしその前にやっておきたいコンディショニングは、筋肉が、きちんと張力を発揮する状態に整えるということです。

たびたび触れていますが、よく使う筋肉と、あまり使わない筋肉があります。よく使う筋肉は疲労困憊状態で硬くなっていますし、あまり使わない筋肉は萎縮しています。この状態でいくら筋肉を使っても、思ったほどにはよい効果はえられず、ただの〝お疲れ状態〟にしかならないのです。なお、お疲れ状態の筋肉も硬くなるという特徴があります。一念発起して運動をはじめても、痛みがでたり、疲れがとれなかったりするだけなのは、そのせいです。

とにもかくにもまず、筋力トレーニングや有酸素運動を勧めたがる指導者がほとんどですが、それまでなにも運動をしていない方々や、ストレスがすごく溜まっている方などには、逆効果ではないかと思っています。身体がまだ準備不足で、運動する〝よい状態〟になっていないのに筋肉に刺激を加えることは、本当に健康に役立つだろうかという疑問が、私の中にわいてくるのです。

昨今では高齢者にまで筋トレを勧めているトレーニング方法（理論）があります。しかし、それを続けたことで「関節が硬くなった気がする」「背中が丸くなった」という話をよく耳にします。本書を読まれている方も、いずれは高齢者です。いまから柔らかい、弾力のある筋肉を目指しませんか？

†筋肉には性質がある

次に焦点を当てたいのは、筋肉のもっている性質です。専門的には「筋肉の反射」のことです。人間が元々もっている反射機構は動きに大きく影響しています。

その機構が働かないと筋肉はうまくコントロールできませんし、トレーニングによって思わぬケガを招くことにもなるのです。そこで反射の仕組みを知っておくことは、コンディショニングにあたって大切なことです。

一つ目の性質です。筋肉が張力を発揮した反対側の筋肉（拮抗筋）には「緩む反射」があります。これは、筋肉の「相反性の反射」といいます。筋肉が縮もう、力を発揮しようとすると、反対の筋肉が緩んでくれないと力が発揮できません。

力コブをだそうと上腕二頭筋に力をこめると、拮抗筋の上腕三頭筋が緩みます。身体が硬くて前屈がいきづらいときに、腹筋運動を行なうと前屈がいくようになるのです。このことから、筋肉が硬くなりやすいなら、反対側の筋肉をトレーニングするとよいということが分かります。

そして、二つめの性質。筋肉は張力を発揮すると、その直後に緩む反射があります。筋肉の「自動性の反射」といいます。筋肉が力を発揮して縮むことで不具合を起こさないように、力をこめた後には、筋肉は自動的に緩もうとします。

長時間同じ姿勢でいると伸びをしたくなるのはこの性質のせいです。思いっきり筋力をだした後にストレッチをすると柔軟性が上がったように感じるのも、この反射です。硬くなりやすい筋肉は、力をださせた後にはストレッチすることがお勧めです。

三つ目の性質は、筋肉は伸ばされすぎると危険を感じて硬くなるという反射です。これは「伸張反射」といわれるもので、伸ばされ過ぎを感じた筋肉は、縮もうとすることで硬くなります。

最近、ストレッチについてのさまざまな反対意見を耳にした読者もいらっしゃると思います。これは、筋活動をしていない筋肉をいきなり伸ばそうとすると、かえって硬くなるというものです。伸張反射の作用です。

ですから、たとえばゴルフの前にはいきなりストレッチするよりも、軽く身体を動かしてからストレッチすることをお勧めします。

これらの反射が起こる仕組みは、次のようなものです。筋肉や腱の中にある感覚受容器が筋肉の張力を監視して筋肉の状態を脳や脊髄に伝えます。それを受けた脳や脊髄は、筋肉へ指令を送り、筋の中の運動器（運動神経）が筋肉に再指令を発動します。筋肉の反射が起こるのは、身体の機能を調整しているということです。

筋肉の反射を知ることで、身体のよい状態を保つコンディショニングづくりがより容易になります。

†筋肉には性格がある

筋肉はこれらの反射とともに、意識されると緊張する照れ屋な面があります。言い換えると、思いを寄せられると張力を発揮し、硬くなるという性質です。

たとえば、伸ばす部位の筋肉を意識しながらストレッチしていると、その筋肉には逆の命令が届いて、縮まってしまうのです。しかし身体は緩めようと動いているわけで、筋肉が混乱する結果になります。そんな混乱が続くと、筋肉は縮んでしまいます。常に硬くなるのが、筋肉の性格です。

筋肉は元々ある性質よりも、後天的に教え込んだものの方が強くなります。身体が硬いからと、いきなり柔軟体操をしても、膝は曲がり、腰も丸くなったまま、ガツンガツンと闇雲にトレーニングしていると、身体はますます硬くなってしまうのです。子どもを性格よく育てるには、子どもに一つ一つ納得させ理解させせながら教えるのがよいという教育論を聞いたことがありますが、筋肉も同じです。

当たり前の動きを覚えさせることが、いい筋肉に育てるコツです。

だからこそ、準備運動や整理体操は大切なのです。

質のよい筋肉というのは、神経伝達がスムーズで、反射がきちんと起きている筋肉です。そのとき筋肉は、弾力性に富んでいます。素晴らしいスポーツ選手の筋肉は、つきたてのお餅のように柔らかいというのは、有名な話です。

もちろん、収縮力、伸展力、そして指令をきちんと受け取り伝える能力も、弾力性に富んだ状態の筋肉は優れています。

ここで柔軟性、つまり関節の可動域が広がるということにも少し触れておきましょう。体前屈などの印象からか、関節が開く方がよいというのは、神話です。コンディショニングの際、「身体を前に曲げてください」というと、「俺、むかしから硬いんだよ」と、必ず言い訳する方がいます。「前屈の柔軟性と身体能力とは関係ありません」といっても、なぜかこの神話は根強いですね。広がりすぎる関節は安定性に欠けるということもあります。やはり、その方にあった可動域というものがあるのです。股関節が柔らか過ぎるがゆえに腰痛もちだという方は大勢います。

柔らかい身体とは、筋肉に弾力性がある状態なのです。筋肉が従来の弾力をもつと、その関節は必要なときに、必要な関節の動きをしてくれるのです。

コンディショニングは、筋肉を、柔らかくて弾力に富んだ状態にすることを目指します。

†身体にある下水道

ここまでは解剖学的な骨格や筋肉について話をしてきましたが、むくみやだるさの元になる「老廃物」について少し書きましょう。

私たちがだるいと思い、疲れがとれていないと感じるときには、身体の中には老廃物が発生しています。老廃物の正体は、疲労副産物の乳酸のほかに、食べものが吸収された後の残りものや、吸収しきれなかったもの、身体に有害な防腐剤のような人工的なものや水分です。

老廃物の流れ、水分代謝はコンディショニングには不可欠な要素です。なお、中医学では血液以外の水分を津液といい、余計なものを水毒なんていい方もします。

私たちの身体の約3分の2は水分です。その内容は、細胞の中にある細胞内液と細胞の外にある細胞外液に分けられます。

細胞内液は身体を保つのに必要な水分です。肌や皮膚のハリなどは、この細胞内液が満たされていると、つやよく、ハリのある感じになります。赤ちゃんの皮膚は、この細胞内液で満たされていますのでプルプルしているのです。

細胞外液は、血液、リンパ液、組織液に分けられます。血液は心臓から押し出され、血管、毛細血管を通ります。吸収された栄養素は、血管を通る血液によって各器官に運ばれます。最終地点に張りめぐらされた毛細血管の薄い膜を通過した栄養成分は、組織液として細胞内を潤します。

こうして血液は、細胞に栄養分や酸素を運びます。運び終わると、今度は細胞で、エネルギー消費後の老廃物を受け取って、たんぱく質や脂肪などの大きな物質と水分とに分け、静脈に再吸収されます。

静脈に再吸収されなかった老廃物は、「リンパ管」に吸収されます。多くはたんぱく質や脂肪成分であることが分かっています。また大きな老廃物、有害なものやウイルスなども、リンパ管に吸収されます。リンパ管が体内の下水道といわれるのは、体内の老廃物を処理するからです。

リンパ管が処理した老廃物は、腸に吸収されたり、頸部で合流する静脈によって体外に排出されたりします。毛細リンパ管以外には弁があり、静脈と同じように逆流しない仕組みになっています。

静脈と違うところは、リンパ管は自らの管壁を収縮させる自動運搬機能をもっているところです。これは1分間に10回程度と緩やかです。動脈の拍動リズム、呼吸、消化管の運動、そして筋活動などの力でも流れることが分かっています。また外部からの圧力なども流れを促進します。

コンディショニングでは、その仕組みを使います。

処理されていない老廃物は、リンパ管の中を通り、大きな関節の近くにある「リンパ節」で濾過されます。リンパ節はフィルターの役割をしています。リンパ節はぶどうの房のようになっています。ここが滞ると硬くなり、塊のように感じます。

なお、リンパ節は白血球も製造していますので、滞ると免疫が低下します。熱などがでてリンパ腺が腫れるのは、大量のウイルスと戦っているリンパの滞りなのです。リンパが身体を環流し、リンパ節で濾過し、体内をきれいに掃除しているイメージです。

しかしいまの時代は、たくさんの老廃物が発生しやすい環境にあります。保存料の入ったお弁当や、加工食品もそうです。また、ストレスを感じると、その副産物として老廃物が身体の中で発生します。

リンパ管に吸収されなかった老廃物は、組織液として体内に残ってしまいます。老廃物を多く含み吸収されない組織液は、内臓のすき間や、筋肉、筋膜、皮下組織に滞ってしまいます。リンパ管がオーバーフローしている状態といってもいいでしょう。

これがむくみや冷えの元になり、疲労感やだるさなどのさまざまな不定愁訴を生みだしている正体です。また、皮膚がぼこぼこしている状態、美容に詳しい女性たちはセルライトなんていっていますが、これもオーバーフローした老廃物です。

メタボリックなお腹は、皮下脂肪だけでなく、体内に吸収されなかった老廃物も含まれている可能性が高いのです。また靴下の跡、下着の跡がなかなか消えないのも、老廃物が皮下組織に溜まっている可能性が大ですね。

筋肉組織の間や筋膜と筋肉の間にこの老廃物の組織液が溜まると、筋肉の動きが悪くなります。イメージとしてはベタベタしている液体が、動きを妨げている感じです。こうなると筋肉は硬くなります。経験的に、とくに関節近くにある、主要なリンパ節の近くは滞りがちな気がします。

筋肉が硬い、張った感じがする、動きがぎこちないなどは、この老廃物が滞っている可能性があります。

コンディショニングでは、リンパ節や皮膚をさすったり、軽く圧をかけたりと、外力で老廃物を流すのと同時に、筋活動でも改善します。

コンディショニングによるリンパの流れの根本改善は、リンパ節の働きを改善するとともに、筋肉の働きによってリンパ環流を滞らせないようにすることなのです。

リンパというと女性の美容のように感じる方も多いことでしょう。しかしリンパは身体の仕組みでも大変重要な役割をもっているのです。疲労回復、だるさ改善、むくみ改善は、日常のパフォーマンスを上げるうえでも重要なことです。もちろん肌の色つやもよくなり「できる男」にみえることは確実です。

第四章

コンディショニングの基本テクニック

†コンディショニングは短時間で毎日実施

コンディショニングで、皆さんの身体をいちばんよい状態にしたいという思いが、私にはあります。ですから「心地よい快運動」なんていう表現をしていることは前述しました。また「頑張らない運動」ともいっています。

多くの方々が常にストレスにさらされています。頑張ることでもっと力みが生じ、身体がよい状態にならないのです。その頑張りは、いざというときのためにとっておきたいものです。

ストレスにさらされて能力が落ちているところを、コンディショニングによって整えて、元々あるいい状態に戻しましょう。

さてこの章では実際のコンディショニングの具体的な方法について話します。

ぜひ、読み進めながら一緒に行なっていただきたいと思います。

不快だなぁ〜と感じたときに、すぐに、1分くらいでできるものもあります。毎日の生活の中に取り入れていただきたい、あなたのためのコンディショニング処方もあります。

大切なことは、ご自分の状態を自分で感じ取ることです。いま身体は、あなたになにを語りかけてきていますか?

「肩が張ってきたなぁ〜」「集中力が落ちてきたなぁ〜」「おや……頭痛がするぞ」そんなときに、本書で紹介するコンディショニングの中から、一つでも二つでも選んでやってみてください。

そしてコンディショニング実施後にはすぐに、改善されたことを実感するのも大切です。コンディショニングの特長は、改善が、その場で感じられることなのです。

この改善習慣が身につくことで、身体は常によい状態になり、脳は「快」を感じます。コンディショニングは、あなたをみるみる元気にしてくれますし、能力がアップした実感をえられるはずです。自然と、歩くことも増えますし、意欲もわきます。

・コンディショニングは自分の身体感覚を呼び覚まします
・コンディショニングはすぐに楽になった感覚「快」を感じます
・コンディショニングは「快」になるため、能力が向上します
・コンディショニングは能力が向上したと感じるため、潜在能力も向上します
・コンディショニングは続けることで確実にあなたを進化、成長へと導きます

最初コンディショニングの際に必ず起きる反応は、
・身体が軽い
・歩きやすい（動きやすい）
・身長が伸びた気がする
・目が覚めた（視界が明るくなる）
・頭がスカッとした
そして、もう一歩すすんだ反応は、
・お腹がへこむ
・コリやハリが消えた
・足の裏がしっかり地面につく
・動作が楽になる（関節がスムーズに動く）
・力が入る（筋力がついたような気がする）
・瞬発力も集中力もついた
・思考が前向きになった
・やさしくなれる

こんな情緒的な感想も抱きながら、継続できるプログラムがコンディショニングなのです。そのうち自分と身体のいい関係が戻り、心との関係もいい感じになります。もちろんそこからスポーツ技術やフィットネス、体力も向上できることは間違いありません。

†コンディショニング成功への入り口

コンディショニング成功への入り口は、「できる・できない」という概念に縛られないことです。運動は、できた方がよいという迷信があります。私もそうでした。

先にあげた情緒的な反応は、違う言葉でいうと、身体で起きている「出来栄えの反応」なのです。これは、人間がもっている自然な反応といえるでしょうか。人間が元々もっていた機能ともいえるでしょうか。

この反応は、運動のトップアスリートにも高齢者にも、同じようにでてくるのです。自分の身体が元々もっている機能を整えられる、その機能を思い出したことを身体に感じることができる。これがコンディショニングでえられることなのです。

コンディショニングを行なうことで、人間の生来の機能を正常に働かせることができる（自然体）、その結果、後天的な能力をさらに発揮する身体に進化させられる。こういうことではないかと考えています。

人間は二足歩行という特殊な能力を神様からいただいたときに、重力とうまく付き合う方法を与えられたのです。動物は命を守るために本能で動いています。いっぽうで人間は、さまざまな可能性があるために、複雑な動作ができるようにつくられているとしか思えません。

体育の授業などでスポーツを習得する際に、あるいは日常生活の癖で、人間はどんどんと新しい動き方をインプットしていきます。そうした大人になる過程で、または仕事や休日の過ごし方（身体の使い方）などでの「よくないインプット」によって、元々もっている機能を使わなくなったり、使い過ぎで機能を低下させたりしている人が多いことは、これまでに何度もお話ししました。

実は、私たちは身体の使い方を教えてもらうことはありませんでした。

私はかつて陸上競技で短距離を走っていました。「腿を上げろ」「腕を振れ」「腰で走れ」なんていわれながら、先生の動くさまをみて、そこから自分の走りをイメージするわけです。私の家には当時8ミリがありましたので、自分の走りを撮ってもらうのですが、先生のそれとはどうも一致しません。走っている自分をみても、自分の身体がどう動いているかなんて考えたこともありませんでした。

あるとき、「腰が入らないのは腹筋が弱いからだ」と指摘されます。

私は、腹筋運動を毎晩500回行なうことを自分に課しました。背中が痛くなっても「腹筋が弱いからだ!」と自分に言い聞かせます。そのうち腰痛になりました。

足首の返りが悪いのは、足首が弱いと思い込み、踵をつけずに日常生活を過ごしました。結果、疲労骨折、足底筋膜炎、アキレス腱炎に悩まされ、ずっとテーピングのお世話になっていました。

いまから考えれば十分に予測がつきます。しかしなんの知識もない高校生だったのです。そのときの情報の中から、自分なりの浅はかな知識とイメージで、補強トレーニングを実施する。自分で故障をつくっていたのだと思います。

体育の授業でも、すぐにスキルを練習させられます。たとえばボールを投げるという動作では「相手に届く・届かない」「真っ直ぐに投げられる・投げることができない」と、「できる・できない」「うまい・ヘタ」の優劣をつけられます。身体を動かすことの真の意義は伝えられません(いまどきの学校体育は少し変わってきていると聞いたこともありますが、どうなのでしょうか?)。

身体を動かすことについての間違いは、この優劣の評価です。他人と比べ、スキル（技術）ばかりに焦点を当てることです。その結果「できる・できない」「うまい・ヘタ」という評価が優先されます。

結果をだそうとする過程ではなく、結果そのものを優先させるために、身体活動には悪い癖がつくのです。自分の身体の癖に気づかずに、技術を優先させることは、間違った身体感覚を植えつけることにつながります。

大切なことは、身体の使い方を感じることです。前述の情緒的な身体感覚です。うまくいったときの感覚とうまくいかなかったときの感覚の違いや、できたときとできなかったときの身体の位置の違いを知ることが重要なのです。自分を内観するとでもいいましょうか。自己内会話です。

本当の成果は、この感覚を目覚めさせる、そこに焦点を当てることです。これが、コンディショニングの入り口です。このことを体感覚といいます。

体軸、体の位置、手足の位置など。そして、その筋肉の感じ。その体感覚に敏感になることが、自分の可能性の大きな扉を開くことになるはずです。

身体をリセットする

リセットとは「身体を元々あった状態にできる」方法です。機能を忘れて、過緊張している筋肉の弾力を取り戻し、骨格を元ある状態に戻すことで、機能を取り戻すのです。言い換えると「自然体との出会い」ということになります。その機能をきちんと発揮できる状態にするのです。

これはアスリートから高齢者まで同じことがいえます。

人間のもっている機能を、無理をするのではなく、身体に思い出させることが自然体との出会いです。私たちの機能に気づくとでもいいましょうか。

私たちは日常動作や運動様式により、動作の癖をもっています。それが長年積み重なって、いまの身体バランスになっています。動作がうまくいかなくなるのは、働いている筋肉と、働き過ぎている筋肉、働かなくなっている筋肉がでてきて、うまく指令が届かずにいる状態です。

ここで注目するのは、働きすぎている筋肉と働かなくなっている筋肉です。経験的に、この2種類の筋肉は両方とも、硬くなっている、緊張していると感じます。

一般的な筋力トレーニングでは、弱いところ、つまり働かなくなっている筋肉を働かせようと強化します。しかし、弱まって硬くなった、指令が届いていない筋肉に、いくらトレーニングを行なっても、動きだすようにはなりづらいのです。

その筋肉が働かないのには理由があります。それは、代わりに働いてくれる筋肉（筋の代償といっています）があるのです。ですから働き方を忘れてしまったわけです。

働かない筋肉を働くように改善するためには、よほどの工夫が必要です。その方法の入り口が「リセットコンディショニング」です。

リセットの方法は、力を抜く、その筋肉に意識をもたせない、できるだけ抗重力（重力に逆らう動き）はさせない……といった方法です。私たちは、重力との関係を当たり前に身体で感じ、その中で動いている結果、強い刺激が、身体を変えるという思い込みがあるというのもすでに説明していますね。

私たち人間は、どうしても重力に反することで、身体に大きなストレスが加わり「やった気になる」ということに満足してしまう傾向にあります。

ストレッチでも筋肉の反射などは無視して、思いっきり伸ばすという行為に走り、反対に筋肉が硬くなっている方々のなんと多いことか……。

頭では分かっていても、習慣が行動を支配します。つい力んでしまうのです。そのほうが効いている気になるのです。これが直感的なトレーニングの間違いです。スポーツ科学の研究によってさまざまなことが解明され、人間がどう動くかは分かってきています。本当は、人間の身体の仕組みは、とてもシンプルなものなのです。緊張し過ぎている筋肉は、力はでにくい、能力は発揮しづらいのです。ですから筋肉は、緊張をとった後にトレーニングすることが大切です。

筋肉の緊張をとることが、最初に行なうコンディショニングです。

†リセットコンディショニング

筋肉を緩めるには、まず「重力からの解放」がポイントになります。なぜならば筋肉は動かそうとすると必ず緊張するからです。筋肉に緊張が走ってしまっては、筋肉が働かない、いいえ、筋肉は違う動きをすることになるのです。

ですから、筋肉の緊張をとることで、筋肉が働くように改善するのです。これは筋肉が元々もっている弾力性を取り戻そうということです。

リセットコンディショニングの根本は睡眠です。

これは、生存に不可欠な欲求の一つです。眠ることによって、「快」の記憶が呼び起こされるのではないかと考えられます。睡眠中に筋肉の緊張がとれて疲労が回復すると、気持ちよくなるというわけです。イメージとしては、体中の力が抜けて、スヤスヤと寝ている赤ちゃんです。

しかし大人になると、そのメカニズムを自分たちで狂わせてしまいます。睡眠中に力が抜けていない、筋肉の緊張がとれない状態を続けているのです。精神的な過緊張や過度の身体的な疲れ、睡眠の環境等々、筋肉の緊張が抜けない人間が現代人だということも忘れてはならないことです。夜も明かりがつき、ストレスが多い中で寝ているので、筋肉の過緊張はむしろ大きくなっているようです。

とくに背骨周りは常に緊張を強いられています。睡眠障害になる、疲れがとれない、起きたら腰が痛いなどということが起こります。さまざまな社会環境も手伝って、睡眠だけでは、リセットできない、疲れがとれない状態にあります。ですので、物理的な外力を使い、その状況をつくることが必要になるわけです。

・リセットコンディショニングの手順

①関節を重力から解放する。脱力をする

物理的にできる場合は力を発揮しないポジションをとります。

②小さな揺らぎを身体に与える（セルフモビリゼーション、121ページ参照）

できるだけ小さく揺らす、外力で振るような動作をする。

方法は簡単。この二つです。これは骨格を元々ある状態に配列させ、筋肉の弾力を取り戻します。そして骨格が元々ある状態に戻らない、筋肉が硬い場合に3番目の改善があります。

③筋肉を外力でドルフィング（123ページ参照）する

†まずは脱力から

最初は、関節を重力から解放する体位をとります。横になる、座るといった姿勢、あるいは立位でも、力を入れない、筋肉に意思を持たせない状態をつくります。背骨に関しては後でまた触れますが、四肢や足関節はこれで十分成果がでます。

重力から解放された関節と関節をつなぐ単関節筋たちは、緊張しなくてよくなります。張力（筋力）を発揮する必要がありませんので、重力から解放されたという信号が感覚受容器を通って、筋肉へ送られます。「緩んでよい」という信号です。

筋肉が信号を受け取ると、その信号は周りにある靭帯にも届きます。そうすることで、関節周りの緊張がはずれ、単関節筋たちは「緩む＝弾力を取り戻す」のです。

これは本来、睡眠中に起こるはずの、筋肉の緊張のとれた状態です。子供は眠ると力が完全に抜け意識がないために、大人が抱き上げると体重が重くなったような気がする、そんな状態と同じです。

しかし大人たちは寝ている間も、関節周りが緊張し続けているようです。関節周りの深層部の筋肉が力を発揮しなくてよくなると、表層の筋肉も緊張がとれます。その関節を動かそうと代わりに働いていてくれた筋肉たちも、その機能を代償しなくてよくなります。働かなくてもいい状態になるのです。そのために四肢の可動域が広がったり、動きやすくなったりするのです。

リセットでは、関節を重力から解放して、骨格が本来あるべき場所に戻ることを目指します。

†揺らぎの効用

リセットを成功させる二つ目の要素として、脱力ができた状態で、「揺らぐ」「小さく動く」ことを行ないます。専門的には「セルフモビリゼーション」といいます。

理学療法士の方々が行なう「モビリゼーション」という手技があります。関節を重力から解放して、関節に少しの牽引や圧迫を加えながら、関節包内運動、「すべり」「転がり」「軸回旋」をだしていく方法です。関節の可動域や筋力が増すことは、理学療法の世界では当たり前となっています。モビリゼーションは、リハビリテーションで実証済みの手技です。

それをリセットコンディショニングにも応用できないかと考えました。

モビリゼーションを応用した擬似法として、関節を重力から解放した状態で、その関節や関係している他の関節を微少に動かす。小さな振動が、関節周りの組織になんとなく伝わり、モビリゼーションと同じ効果をえられるのではないかと予測したのです。

経験から、大きな振動が伝わると、リセット感がないということも分かっています。力を入れるという意思をもたない、筋肉に緊張を走らせないことが重要なのです。

セルフモビリゼーションをすると、いかに微少な動きが大切かということが分かります。人間は意識的に力を抜くということはどうも難しいようです。

私のクライアントの多くは、このことを体得するまでに多くの時間を必要としています。

私はよく「筋肉に意思をもたせないで」と伝えます。

なぜ体操なのに脱力なのか、なぜ小さな動きなのかと、よく質問をされます。そのときには、重力に対して関節周りは常に緊張していることを丁寧に説明、理解していただきます。

関節を重力から解放し、小さな動きをだすことで、単関節筋や靭帯など感覚神経が反応して、関節をつつんでいる柔らかな組織の緊張がとれ、関節の動きが、みちがえてよくなるのです。

面白いことにその効果は、目でみて、すぐに分かる反応としてあらわれますし、体感レベルでも感じやすいようです。一度体感すると病みつきになるのが、このリセットコンディショニングです。

†老廃物を筋肉から追い出す

老廃物が筋膜や筋肉、リンパ節に滞っていると、筋肉の改善はなかなかなされません。筋肉は硬いまま、動きも改善がなされない。筋肉を触るとコリコリと芯があるような感じがします。そんなときは、脱力と小さな揺らぎに一工夫を加えて、筋肉自体をつきたてのお餅のように柔らかくします。

筋肉の筋繊維は束になっていて、ちょうどスライドするように、筋収縮します。硬いということは、このスライドに幅がないということです。また老廃物はこのスライドの妨げになります。ですから、老廃物を取り除くことで、筋肉の収縮能力を取り戻せるのです。方法は、筋肉に圧を加えたり、さすったりしながら、筋肉の動きをだしていくというものです。

この方法はフランスのリンパドレナージュにヒントをえて、筋肉の動きや性質を考慮して考えたものです。流れのよい身体つくりというイメージから「ドルフィング」と名づけました。この言葉はまだあまり使われていない造語です。

参考にしたリンパドレナージュという方法ですが、フランス人博士により開発されたと聞いています。リンパ系の流れを改善するために、日本ではエステティックなどの美容分野で伝わっているようです。

本来は手術やお産などの後のケアで、排泄を促す方法として生まれました。身体がきちんと排泄を行なえると、手足のむくみや冷え、お肌のしわ、くすみ、クマ、にきび、さらに冷え症や代謝改善といった、女性にとっての美容の悩みにも大きな成果をだすことが理解され、発展したようです。リンパマッサージなどとも呼ばれます。

リンパ改善の本国フランスでは、スポーツマンも疲労回復の手段や筋肉の調整にリンパドレナージュを行ないます。プロサッカー選手が、そのプロモーションビデオにも起用されるくらいメジャーなものです。

けれど、そのマッサージ法にはさまざまな流派があり、アプローチしている症状がなんなのか分からないものもあふれています。本書をお読みの方にも、疲労回復のために、「ちょいとマッサージへ」でかける方も多いと思います。が、そのマッサージがなににアプローチしていて、身体がどんな変化をするのかを確かめることをお勧めします。

さて、この「ドルフィングテクニック」ですが、方法は2種類です。あまり強く刺激しない、押し流すようにやさしく行なうことが大切です。
・ラブィング
軽擦法《けいさつほう》です。手のひら、指、こぶしなどで　皮膚をさするようにして、表層に近い老廃物を排出します。これは、皮下リンパ、毛細リンパ管、リンパ管、筋膜のコンディショニングを狙っています。
・ポンパージュ

圧をかける方法です。指の腹で円を描くように圧力をかけます。押すという意識ではなく、円を描いてほぐすという感覚です。これは深層部にある、リンパ節やリンパ本管、筋肉のコンディショニングを狙っています。

その後に、筋活動を促すように、筋肉を動かすことが大切です。コンディショニングのポイントは、実はここです。老廃物は筋肉によって環流、排出されることを、身体に思い出させるのです。

ここまでは、緊張をとる改善でした。疲労を積み重ねた身体のリセットです。しかし、ここで日常生活に戻り、抗重力した生活、ストレスのかかる環境に戻ると、また同じ状態が復活することがほとんどです。

コンディショニングは、この後に身体を安定させるための筋肉の再教育、アクティブコンディショニングを行なって完成なのです。

†アクティブコンディショニング

「アクティブコンディショニング」とは、筋肉の再教育です。働き過ぎている筋肉は従来の働きに、働かなくなっている筋肉はきちんと働くように再教育します。

114ページに、できる・できないではなく、「体感覚に敏感になることが、自分の可能性の大きな扉を開く」と書きました。自分の身体の声に耳を澄ませましょう。

ここからが、いちばん大切なパートです。

アクティブに動くと、つい「できた・できない」「強い刺激」に目が向きがちですが、一つ一つのコンディショニングを大切にして、自分の身体と話をしてみてくださいね。

アクティブコンディショニングは、私たちの発育・発達の経緯をたどることで成果がでやすいようです。前述のように、赤ちゃんは生まれてすぐに「おぎゃあ〜おぎゃあ〜」と大泣きをします。これは強制的に息を吐く、強制呼気です。

ですから、筋肉の再教育の最初は呼吸なのです。

これも前述しましたが、このときに、お腹のインナーユニットが発達します。腹横筋は収縮を覚え、横隔膜は胸郭を安定させ、多裂筋は脊柱の動きを安定させ、骨盤底筋は骨盤を安定させます。

このことを「コアトレ」と呼んでいます。〝身体の中心になる筋肉のトレーニング〟という意味で名づけました。筋肉の再教育、動作改善の元ですね。赤ちゃんの首がすわるまでの期間です。

あなたの身体は、いまどのくらいの赤ちゃんでしょうね。

†インナーを鍛える「コアトレ」

・呼吸

胸郭の動き、腹部の動きが正確にできているかを自分で確かめます。腹部は横にも前にも後ろにも膨らむのか。胸郭上部は前に膨らむのか、下部は横に膨らむのか。そうしたことに注意しながら、深く大きな呼吸や、浅い呼吸を何度か繰り返します。呼吸の繰り返しは意外によい運動になるという方が多いですね。

そして、ここでいちばん行ないたいコンディショニングが腹横筋の強化です。強制的に息を吐くことを繰り返し、腹横筋の動きを再獲得します。このときに横腹が帯を巻くようにしまっていくような感覚のトレーニングをします。

呼吸をイメージでき、呼吸法をコントロールすることで、身体の「中心軸」が自然とできあがります。その後、動作を変化させる、安定した姿勢を手に入れることが、コアトレの狙いです。

その結果、動作時の無意識の呼吸が、意識した動作を行なわずとも、身体を安定させてくれるというところまで、体感覚を進化させたいのです。

・体幹の回旋

赤ちゃんは、呼吸を繰り返すことから、次に寝返りを覚えます。3か月ほどして首がすわり、左右にひねることができるようになります。寝返りもうちます。このとき、赤ちゃんは自分の中心を理解するのです。

これを大人の動作でいうと、「脊柱の回旋動作」です。うまく振り向くための練習です。背骨と頭の位置関係や骨盤の関係などの再構築を行ないます。自分の真ん中、中心軸の確認作業を含む動作です。

自分の真ん中が分かってこそ身体が動かせるのです。

身体をひねる練習をします。身体をひねるときに、頭がきちんとついてくるか、首や肩に違和感、つっぱり感はないか、骨盤の動きとの連動を意識して行なえるか、などを確認しながら行ないます。

赤ちゃんはハイハイをして脊柱と骨盤、肩甲帯と腕の関係を身につけます。よく泣いた赤ちゃん、ハイハイが長かった赤ちゃんは、故障知らずの選手になると、ある有名トレーナーがいっていましたが、まったくその通りです。

私はこの考え方に基づいて、ハイハイの姿勢（よつばい位）でのコンディショニングを行なってきました。大人になると本当に、すっかりこの機能を忘れています。大人になってから、よつばい位になるのはソファーの下に500円玉がころがったときくらいですからね。

しかし、人によっては、よつばい位でかえって力みがでることが多々ありました。ですから、いまではよほどこのことを思いだしたほうがよい方か、スポーツ選手にしか、よつばい位のコンディショニングをしていません。

さて次からは座る、立つ、歩くと進んでいきます。

座る動作は、具体的には坐骨に座ることを動作の改善目標にします。腰骨や骨盤が硬く、座ると背中が丸くなる方は、その方の能力を十分に発揮できていると思えません。男性はよく「身体が硬いのは生まれつき……」なんておっしゃいますが、そんなことはありません。前屈で手が床につく必要はありませんが、背中を伸ばして座れるようにはなりたいですね。

そして、きちんと立てるかです。脊柱は姿勢の要という話をしましたが、立つ姿勢こそが、あなたの姿勢を決めているのです。

それぞれの日常動作のときに、身体がどんな感じをもっているのかを探ります。動きやすい、力みのない、楽に動くなどの感覚を身につけたいのです。椅子に座っているのが楽になった、階段を歩くことがなんでもなくなった、そんな生活体力が向上することが大切なのです。

それでは、コンディショニングの実技に入っていきましょう。

第五章

身体をリセットする方法

†骨格をリセットコンディショニング

骨格をリセットコンディショニングするのは、その骨配列を元々ある状態に戻すという目的があります。関節の周りの単関節筋や靭帯、関節をつつんでいるような柔らかな組織に働きかけます。それが力を発揮しない脱力という状態になると、それらの組織にある感覚受容器が「力を発揮しない」という信号を受け取り、筋肉に「緩んでよい」という信号を送ります。筋肉がその信号を受け取ると、その信号は周りにある靭帯にも届くわけです。

そうすることで、関節周りの緊張が解けて、単関節筋たちは「緩む＝弾力を取り戻す」のです。その際、次のことをイメージしてください。

1. 脱力をして関節の力を抜きます。関節周りの力が抜けていくようなイメージです。
2. 動きを小さく行ないます。関節が元々もっている動きですが、関節が滑らかに動いて、関節の間が広がるイメージをもちます。
3. 関節が温かくなるイメージをもって動かします。
4. 呼吸は自然に行ないます。
5. 回数にこだわるのではなく、すっと力が抜けたら終了です。

脱　力
感覚受容器
力を発揮しない
筋　肉
緩んでよい
靱　帯
弾力を取り戻す
身体がスムーズに動く!!

1．首のリセット

肩こり・首のこり・頭痛や目の疲れやすい方

フォーム　膝を三角に立て、膝の間はこぶし一つ程度開きます。爪先は前を向いています。背骨が床についていることを確かめます。身体をリラックス、手を首の後ろに回し、首の骨の真ん中を触ります。手のひらで首の前をつつんでいる感じです。

コンディショニング　首を小さく「うんうん」とうなずくように、できるだけ小さく動かします。次に「いやいや」をするように、できるだけ小さく頭を左右に動かします。指先に首の骨の動きを感じてください。呼吸は静かな呼吸を繰り返します。

※椅子に座った状態なら、背骨が重力に抗しているので、背骨を背もたれに預け、できるだけ小さく動かしましょう。終了後は首の動きやすさを確認します。変化を感じない方は164ページ10番へ。

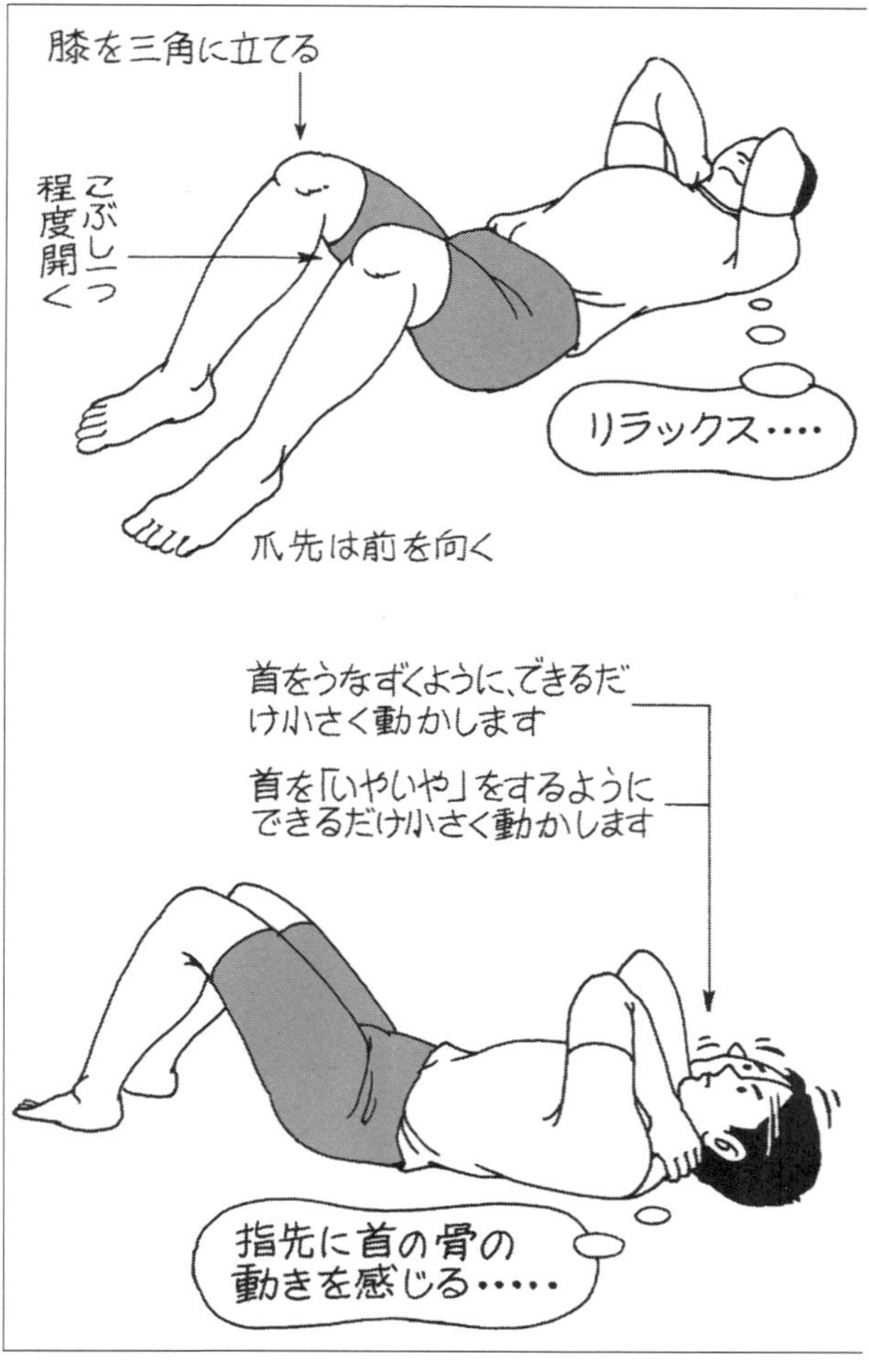
膝を三角に立てる
こぶし一つ程度開く
リラックス……
爪先は前を向く
首をうなずくように、できるだけ小さく動かします
首を「いやいや」をするようにできるだけ小さく動かします
指先に首の骨の動きを感じる……

2. 背骨上部のリセット

肩こり・首のこり・肩甲骨の間がこる方・呼吸の浅い方

フォーム　膝を三角に立て、膝の間はこぶし一つ程度開きます。爪先は前を向いています。背骨が床についていることを確かめます。身体をリラックス、両手を前にならえ状態で、胸の前に上げます。肩がリラックスしていることを確かめます。

コンディショニング　前にならえ状態の腕を、さらに小さく上に上げます。背骨が床に強く当たります。その手を元に戻します。何度か繰り返します。手の位置を膝方向に下げると背骨の当たる場所が変わります。気持ちよいところを探します。次は前にならえ状態の腕を、交互に小さく上に上げます。背骨が緩んでいく感じがします。呼吸は静かな呼吸を繰り返します。

※椅子に座った状態なら、背骨が重力に抗しているので、背骨を背もたれに預け、できるだけ小さく動かしましょう。肩が軽くなった感覚を味わいます。変化を感じない方は166ページ11番へ。

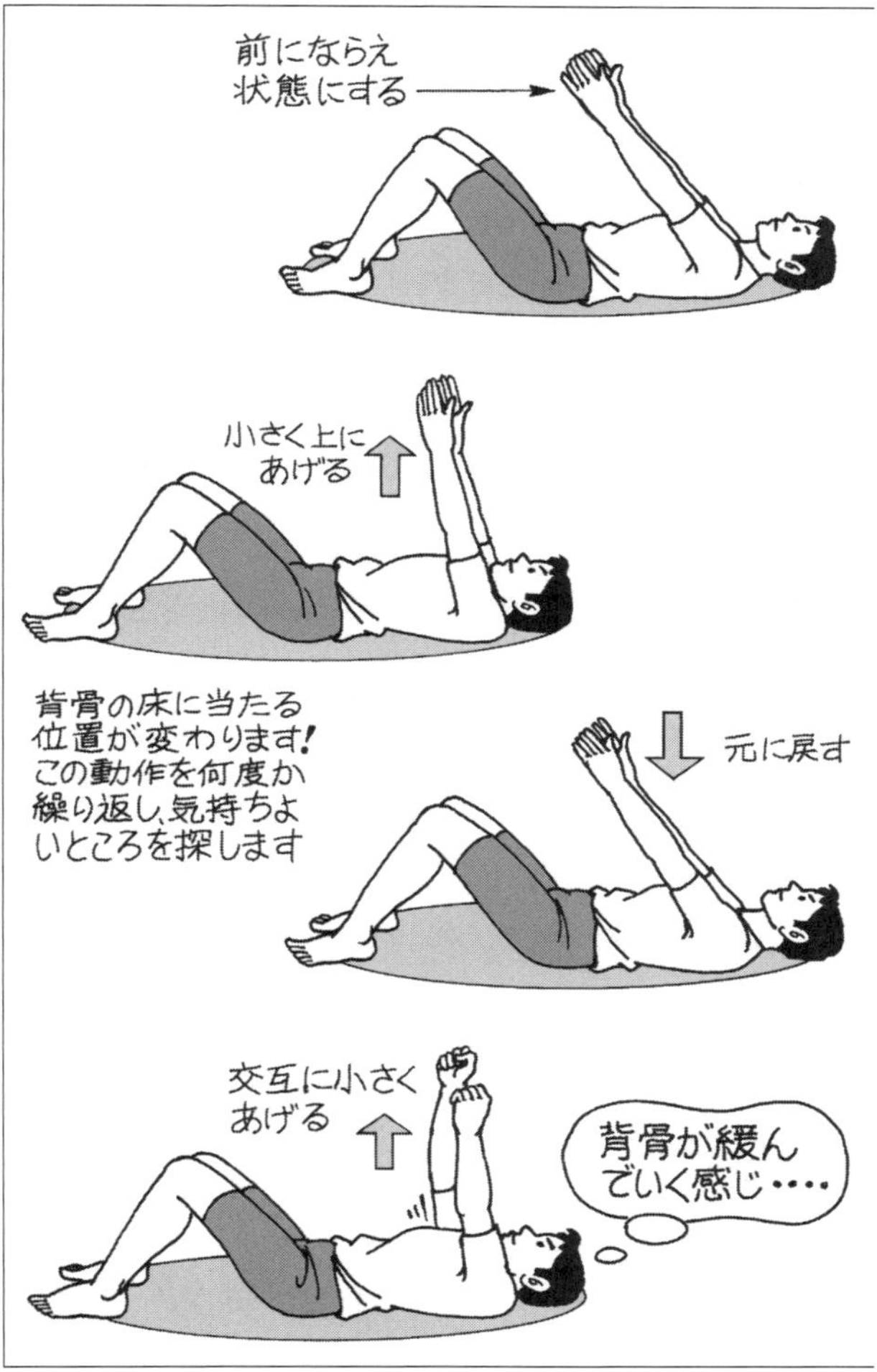
前にならえ
状態にする
小さく上に
あげる
背骨の床に当たる
位置が変わります!
この動作を何度か
繰り返し、気持ちよ
いところを探します
元に戻す
交互に小さく
あげる
背骨が緩ん
でいく感じ・・・・

3. 背骨下部のリセット

背中・腰の違和感のある方・便秘やげり気味の方

フォーム　膝を三角に立て、膝の間はこぶし一つ程度開きます。爪先は前を向いています。背骨が床についていることを確かめます。両腕は床に預けます。身体をリラックスします。

コンディショニング　片膝を片方の膝にパタンと倒します。元に戻し反対も行ないます。腰の下に振動が伝わる感じです。数回行ないましょう。次に脚をそろえます。そして膝を左右に軽く揺らします。腰骨に振動が伝わる感じです。どちらも小さな揺らぎを感じます。

※椅子に座った状態でもリセットできます。背骨が重力に抗しているので、背骨を背もたれに預け、できるだけ小さく動かしましょう。腰が軽くなった感覚を味わいます。変化を感じない方は１７０ページ13番へ。

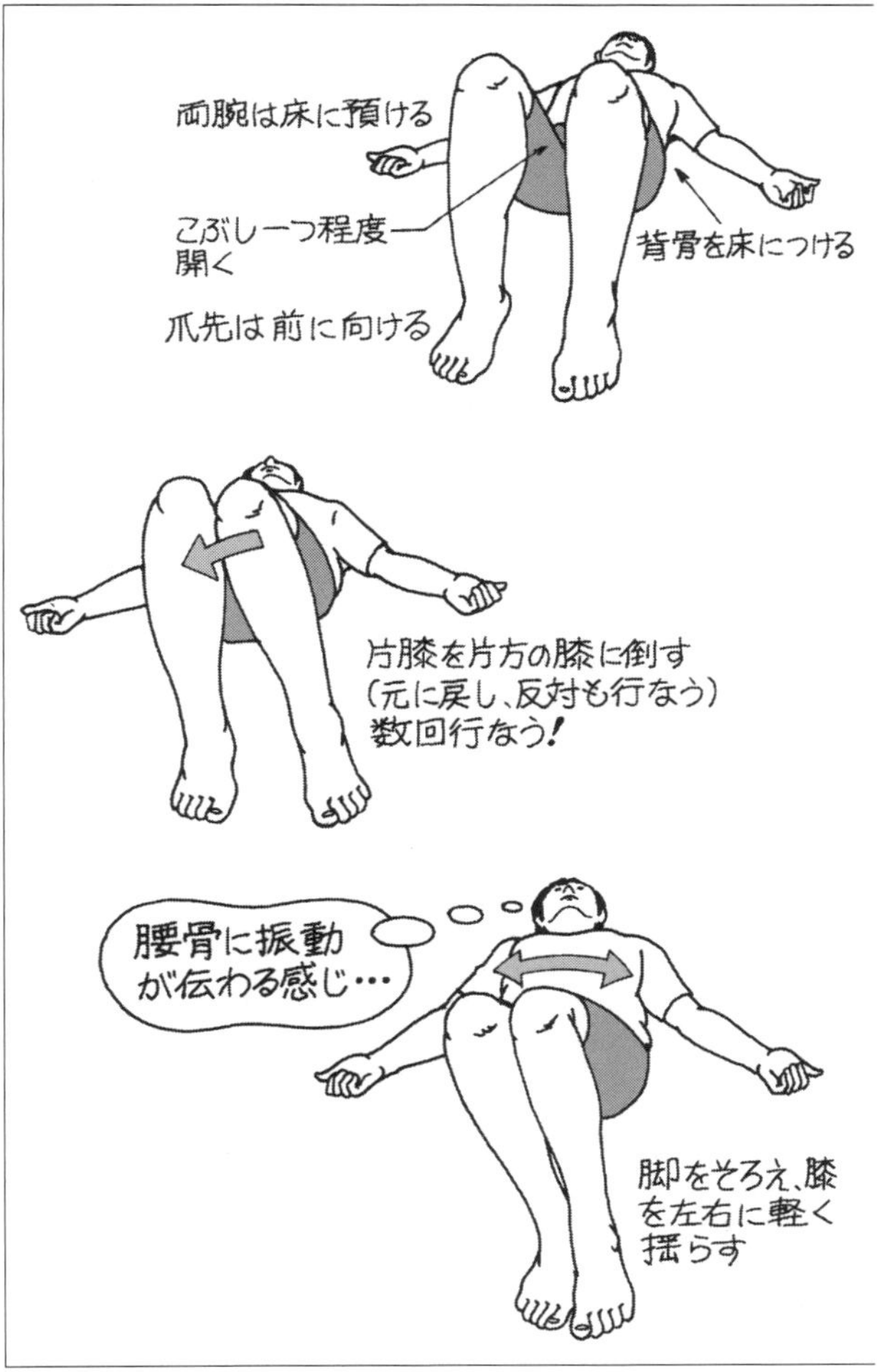
両腕は床に預ける
こぶし一つ程度開く
背骨を床につける
爪先は前に向ける
片膝を片方の膝に倒す
（元に戻し、反対も行なう）
数回行なう！
腰骨に振動が伝わる感じ…
脚をそろえ、膝を左右に軽く揺らす

4．骨盤のリセット

背中、腰に違和感のある方・便秘やげり気味の方

フォーム　脚を伸ばして横になります。脚幅は腰幅、腰骨のでっぱりと、膝が一直線です。両腕は床に預けます。身体をリラックスします。

コンディショニング　踵を交互に押し出します。このとき爪先の力は抜いておきます。踵の動きと骨盤が連動して、骨盤が上下に動きます。骨盤を上下に動かす意識でなく、踵を小さく押し出したら、それにつられて骨盤が動くように行ないます。小さく連続して押し出します。呼吸は自然呼吸です。

※腰が軽くなった感覚を味わいます。変化を感じない方は170ページ13番へ。

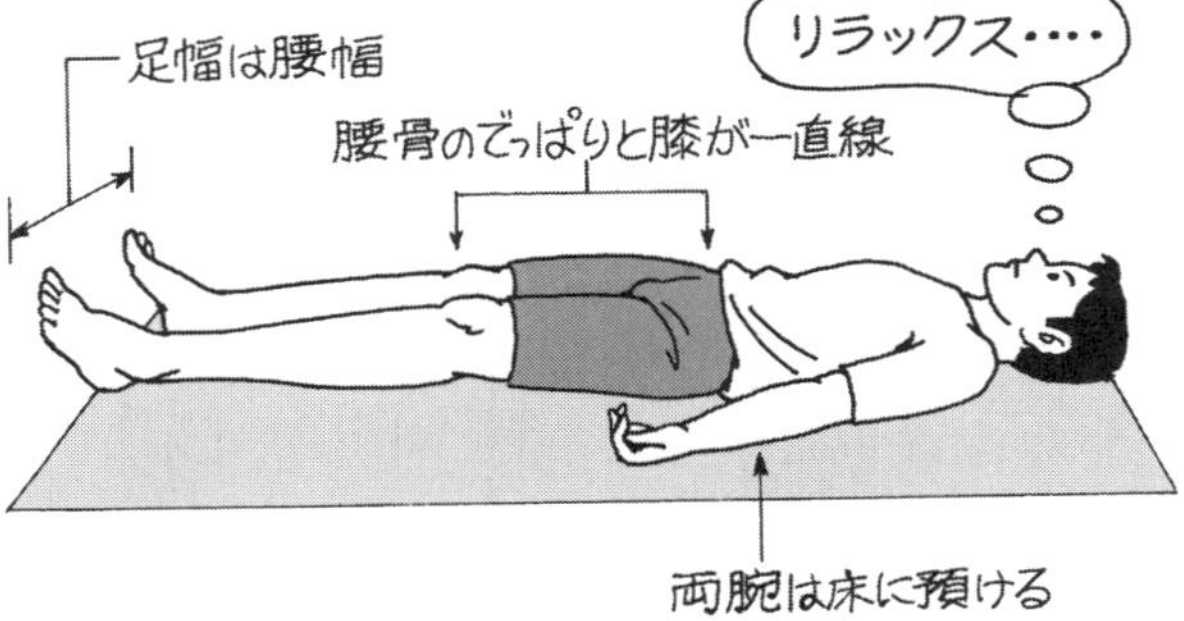
リラックス・・・・
足幅は腰幅
腰骨のでっぱりと膝が一直線
両腕は床に預ける

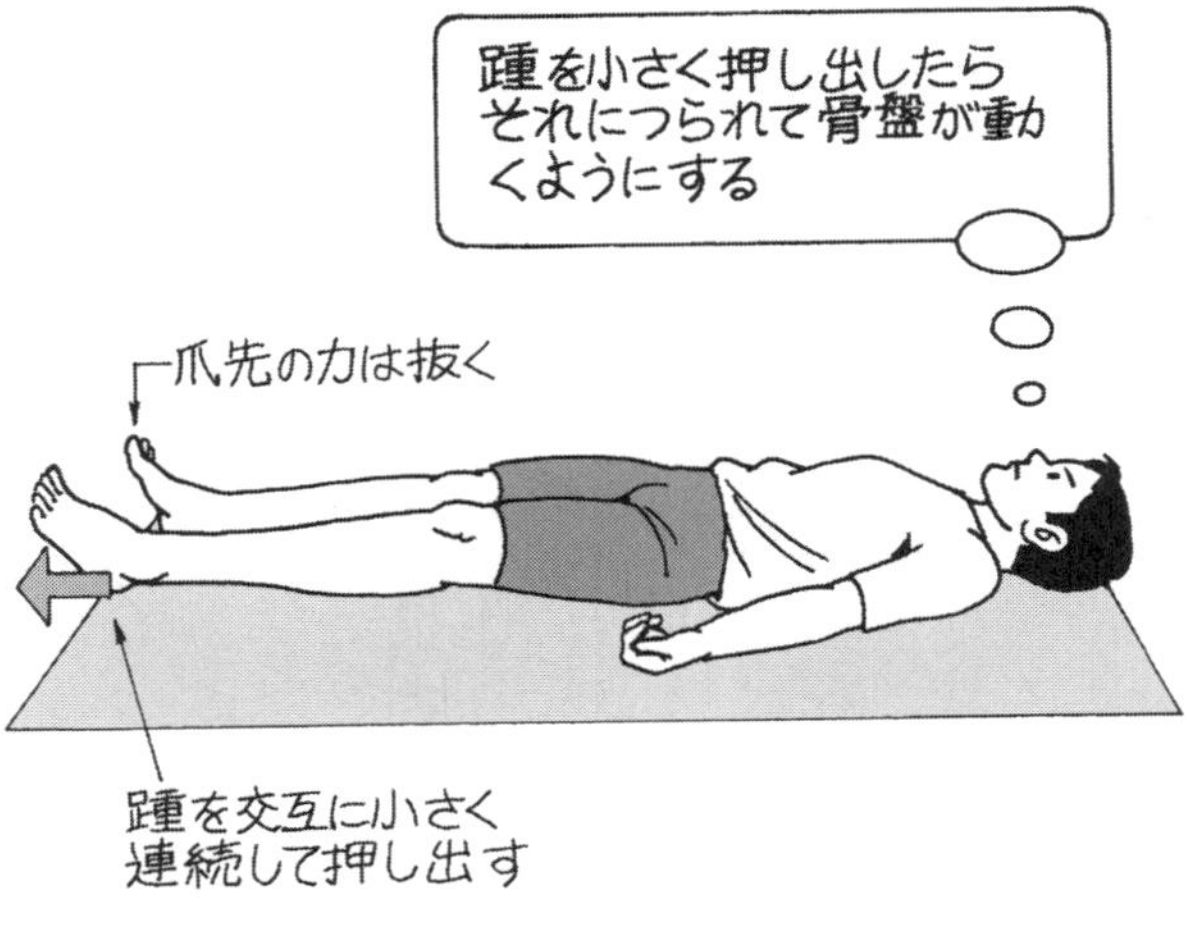
踵を小さく押し出したら
それにつられて骨盤が動
くようにする
爪先の力は抜く
踵を交互に小さく
連続して押し出す

5．肩のリセット

肩こり・首のこり・呼吸の浅い方・腕の動きが悪い方

フォーム　楽に立ちます。肩の付け根をつつむように反対側の手を添えます。届かない方、力みがある方はもたなくてもOKです。頭を肩関節のほうへ倒します。

コンディショニング　肩関節は完全に脱力できません。できるだけ力を抜き、腕の重さを感じながら腕が伸びるようなイメージで行ないましょう。呼吸は自然呼吸です。この状態で腕をぶらぶらと前後に振ります。小さな振りで構いません。すっと力が抜けていく瞬間があるはずです。頭をまっすぐにして。腕を付け根からくるくると回すように、外回し・内回しを行ないます。

※肩が動きやすくなります。変化を感じない方は166ページ11番へ。

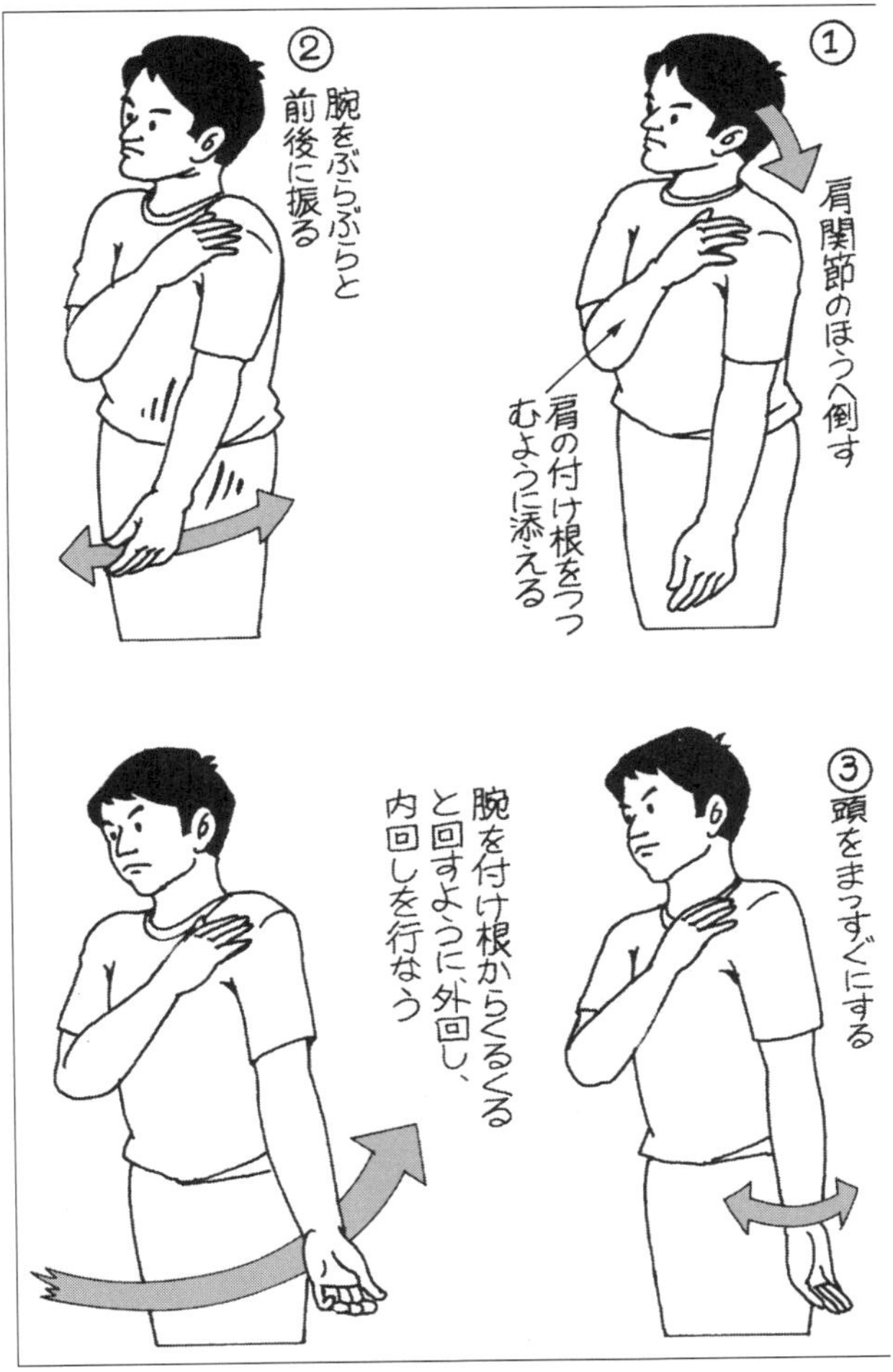
①
肩関節のほうへ倒す
肩の付け根をつつむように添える
②
腕をぶらぶらと前後に振る
③
頭をまっすぐにする
腕を付け根からくるくると回すように、外回し、内回しを行なう

6．肘・手首のリセット

腕や手首にだるさを感じる方・手のグーパーが硬い方・ゴルフの前に

フォーム　楽に立ちます。肘を前から軽く支えます。椅子に座ってもＯＫです。

コンディショニング　この状態で肘から下をくるくると回すように、外回し・内回しを行ないます。できるだけ小さな力で、回します。呼吸は自然呼吸です。次に手首をもちます。もった手で手首を振りましょう。手首がふらふらと揺れるのを確かめましょう。

※手を握ってみてください。握りやすくなっているはずです。手を開いてみてください。開きやすくなっているはずです。ゴルフならグリップが安定します。変化を感じない方は１６８ページ12番へ。

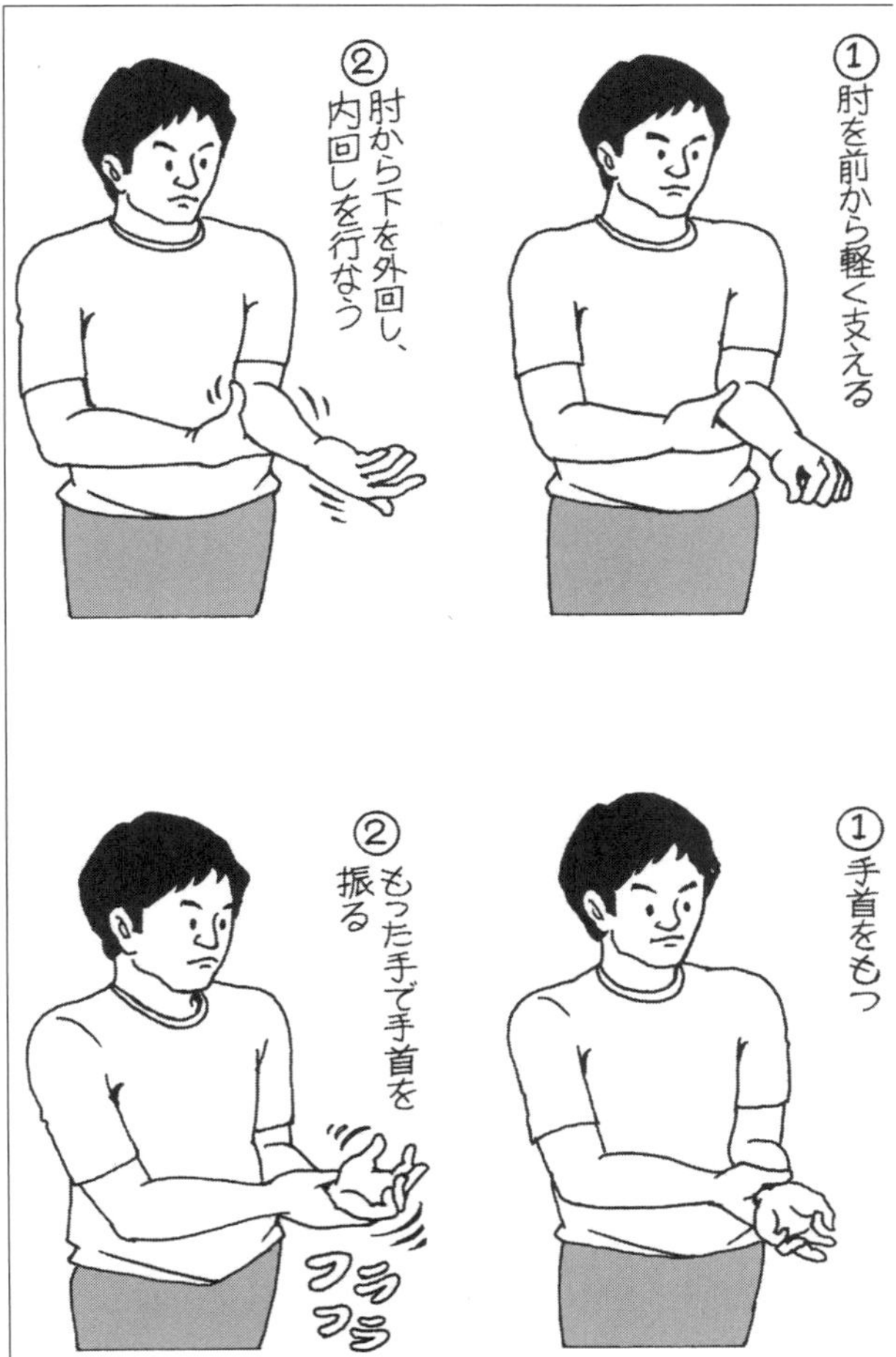

①肘を前から軽く支える
②肘から下を外回し、内回しを行なう
①手首をもつ
②もった手で手首を振る
フラフラ

7. 膝・股関節のリセット

脚がだるい方・膝に痛みや違和感がある方・股関節に詰まり感、違和感がある方

フォーム 床に座り、片脚を前に投げ出します。脚全体を脱力してします。膝の裏が床から浮いている方はタオルを丸めて入れます。反対の脚は楽に曲げておきましょう。

コンディショニング 手で膝の横をもち、とんとんと曲げ伸ばしをします。呼吸は自然呼吸です。脱力をして、手で上下させることが大切です。股関節と膝のコンディショニングです。脚を少し引っ張るような気持ちで行ないます。

※変化を感じない方は172ページ14番へ。

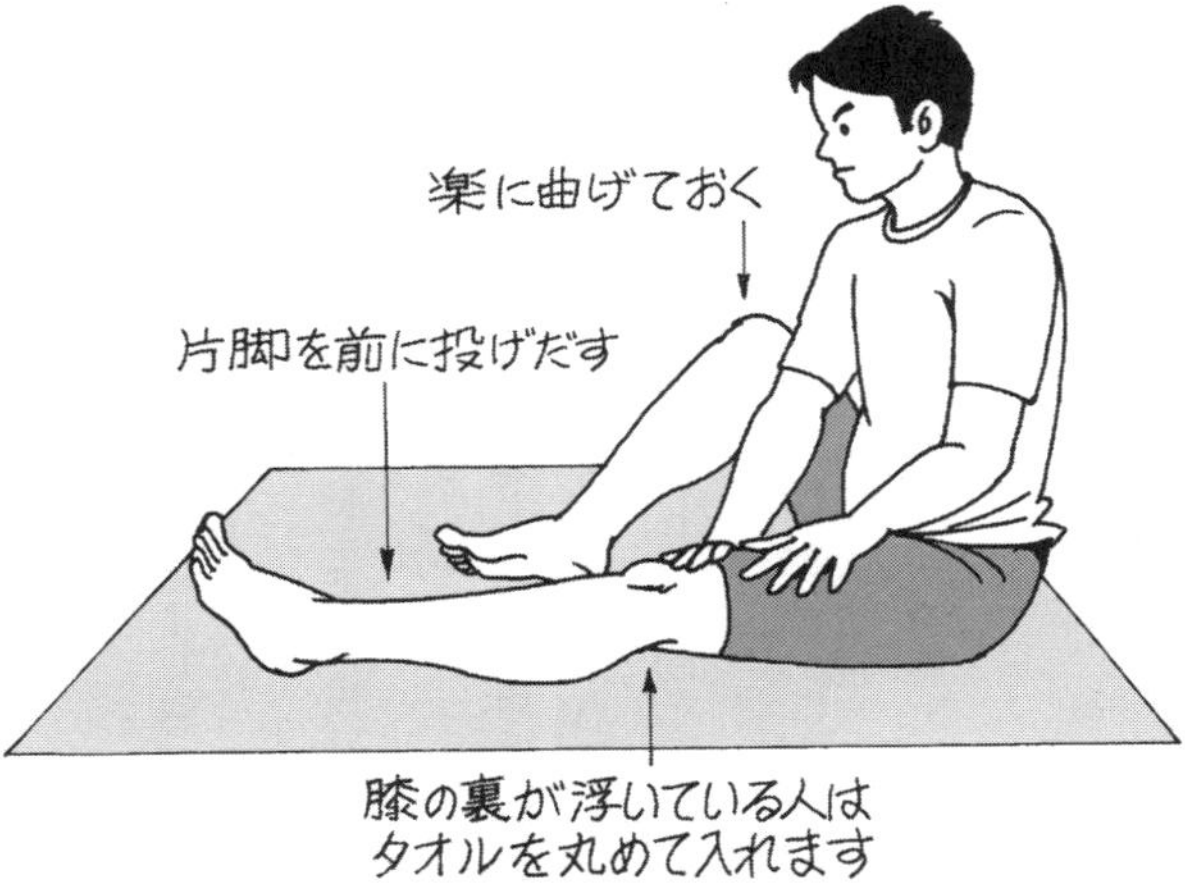
楽に曲げておく
片脚を前に投げだす
膝の裏が浮いている人は
タオルを丸めて入れます

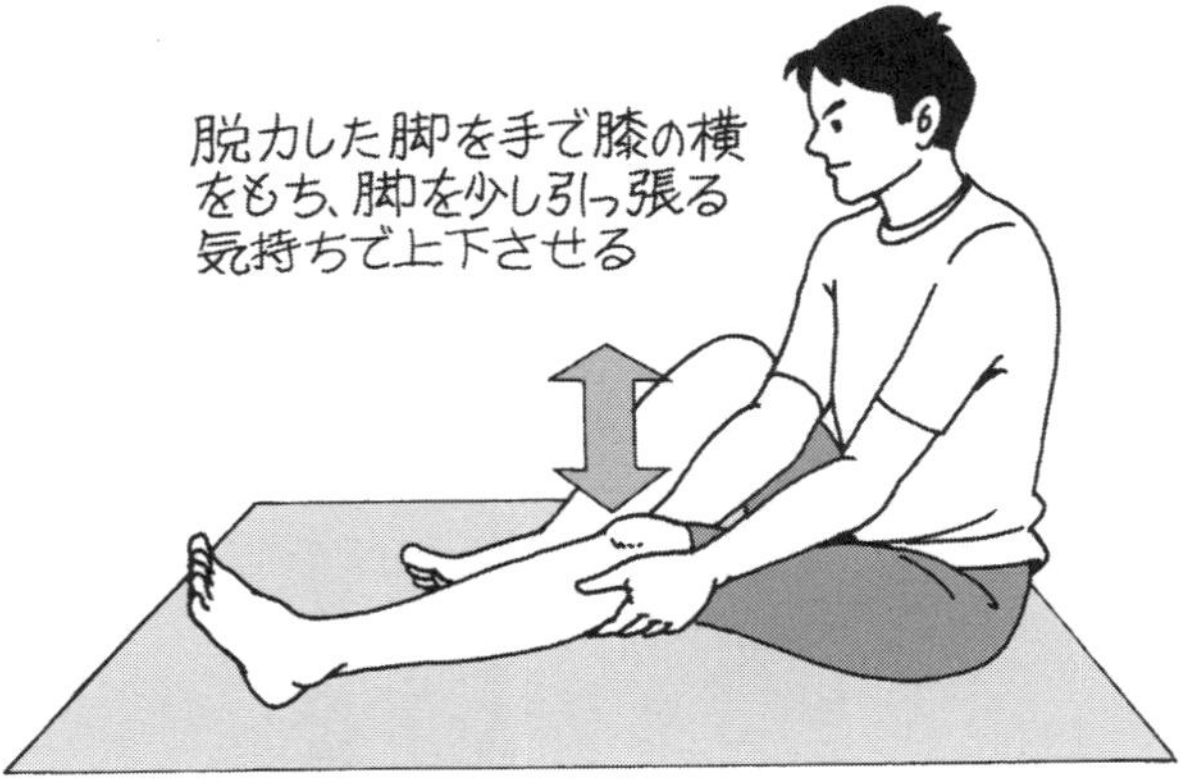
脱力した脚を手で膝の横
をもち、脚を少し引っ張る
気持ちで上下させる

8. 股関節のリセット

脚がだるい方・股関節に詰まり感、違和感がある方

フォーム　床に座り、片脚を前に投げ出します。脚全体を脱力してしまいます。反対の脚は楽に曲げておきましょう。

コンディショニング　伸ばしている脚を　股関節から引き抜くようなイメージで脚を回します。脚を脱力して、踵を支点にくるくると足が回るようなイメージです。呼吸は自然呼吸です。内回し、外回しとバランスよく回します。脱力して回すことがポイントです。

※7・8のリセットを行なった後、両足の長さを比べてみてください。立って、脚を持ち上げてください。変化を感じない方は172、174ページ14、15番へ。

内回し
踵を支点にくるくると小さく
足が回るようなイメージ
股関節から引き抜くようなイメージで！
外回し

9．足首のリセット

足首が硬い方・足の冷えやむくみを感じる方

フォーム　座って片脚の上にもう一方の足を上げます。下にある脚の膝をロックしないように、膝下にはタオルを入れます。くるぶしに手を添え、反対の手で踵をもちます。

コンディショニング　踵を揺すります。くるぶしと踵が離れるような、足首を緩めるイメージをもちます。足や膝下に振動が伝わるのを感じます。最初は動きづらいかもしれませんが、丁寧に動かすと、徐々に動きがでてきます。次に、足指と手の指を握手させます。くるぶしに反対の手を添え、足首を回します。骨の間が緩むようなイメージで回します。指と指の間をできるだけ開くと、血行促進効果があります。

※立って足の裏を感じてください。安定がよくなっています。変化を感じない方は176ページ16番へ。

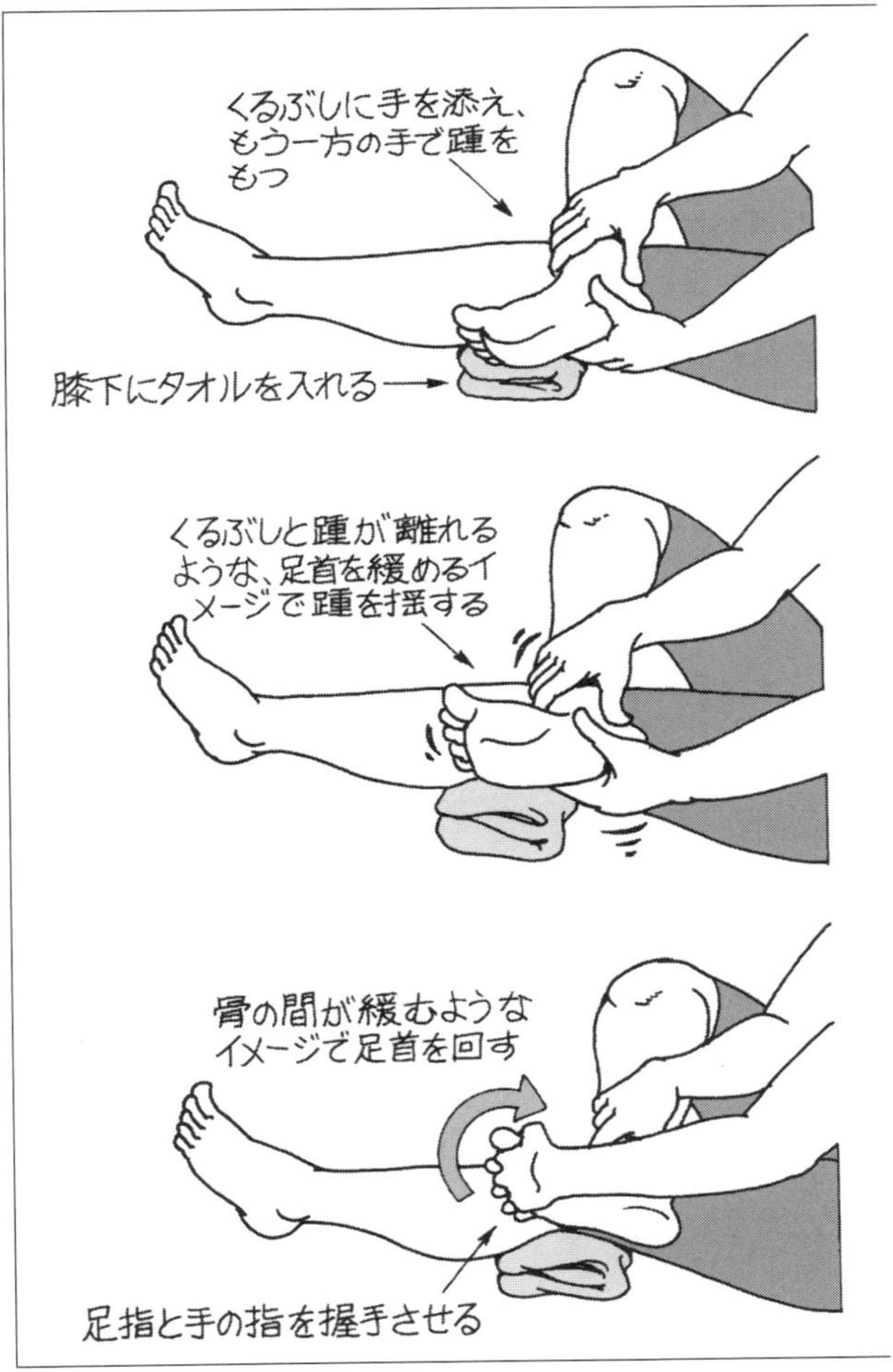
くるぶしに手を添え、
もう一方の手で踵を
もつ
膝下にタオルを入れる
くるぶしと踵が離れる
ような、足首を緩めるイ
メージで踵を揺する
骨の間が緩むような
イメージで足首を回す
足指と手の指を握手させる

†ストレッチポールを利用するリセット

背骨のリセットは実は大変難しいです。背骨はなかなか力を抜くことができません。そんなときに出会った道具がありますので、ここで少し触れておきます。これはリセットコンディショニングとまったく同じ考え方で使える道具です。

私がその道具「ストレッチポール」に出会ったのは２００３年5月のことです。このときの驚きと感動は、いまでも鮮明に記憶に残っています。エクササイズ終了後、床に寝たときの背中の接地具合、まるで床に埋もれたようになった感覚や、前屈や回旋の可動域の広がりは「おぉ～」と声を上げたくなるほどでした。

四肢のリセットコンディショニングは完成に近いものがありましたが、先に紹介した脊柱のリセットコンディショニングでは、脱力具合で効果が大きく違うのです。もっと簡単に背骨にアプローチできるものはないかと思っていた矢先の出会いでした。

この道具は寝ているだけでも、背骨のリセットができるのです。

この方法は2人のアスレチックトレーナーから生まれました。スポーツ選手たちの故障からの回復や故障予防、セルフコンディショニングのエクササイズとして開発されたようです。それがスポーツ選手のみならず、健康エクササイズに応用できるのではということで紹介されました。

たまたま、そのアスレチックトレーナーが大学の先輩ということで、フィットネスへの普及をお手伝いさせていただきました。そして多くのトレーナーやフィットネスインストラクターの支持をえて、いまの方法へと進化したのです。

この方法は、現在「コアコンディショニング」という名称で、歪みの改善やコアの安定（コアスタビライゼーション）、動きにおける姿勢の調整、動きのコントロールを促す（コアコーディネーション）という効果を発揮しています。

そのコンディショニングに欠かせないのが、ストレッチポールという道具です。

この道具は、丸い円柱型ストレッチポールｅｘ（直径15ｃｍ×1ｍ）、ハーフカットかまぼこ型（半径7ｃｍ×45ｃｍ×2）、ショートポール（直径15ｃｍ×45ｃｍ）、少し軟らかく高齢者にも適しているストレッチポールＦｌｅｘ（直径12ｃｍ×98ｃｍ）など、4種類あります。

最初はアメリカのリハビリテーションで使われていた道具だったのですが、日本でオリジナルな発展をとげました。

†寝ながら行なうコンディショニング

このコンディショニングの大きな特徴は、ストレッチポールの上に背臥位（あお向け）に寝るというものです。寝ながらできる簡単エクササイズなんていう表現をしている現場もあります。

そしてリセットコンディショニング同様、脱力と小さな揺らぎで構成されています。フィットネスクラブでも多く取り入れられましたが、名称がストレッチポールとなっているので誤解を受けます。これは筋肉を伸ばす、ストレッチするという道具ではありません。力を抜いて（脱力）、小さな動きを行なうものなのです。

動きを伴うのですが、大きくは動きません。ストレッチポールの上で、揺れている感じです。その感覚を水の中にいるようだと表現する指導者もいます。

背骨をストレッチポールに当てるという動作は、重力に逆らわず、脱力、力を抜くことです。これは自然と副交感神経優位となり、簡単に「リラックス状態」になれます。脊柱の真ん中の部分、棘突起がストレッチポールにあたり、四肢が床にあるため四肢が少し錘《おもり》になります。その錘である四肢を注意深く動かすのです。

床上に寝ている状態との大きな違いは、背骨をストレッチポールに当てるということです。このことで重力からの擬似解放ができるのです。さまざまな方法がありますが、ここでは基本のエクササイズ、ベーシックセブンについてご紹介しておきます。

ストレッチポールの上に寝て四肢を動かすことで、いつも緊張している背骨周りの深層筋が元々ある状態を取り戻すエクササイズです。背骨と背骨の間（椎体間）の緊張がとれるのです。そうすることで、背骨のアライメントが整い、生理的な彎曲に近づきます。

ストレッチポールex

結果、肩関節、股関節などの可動域が広がったり、脊柱の回旋や前屈・後屈が柔らかくなるのです。

ベーシックセブンの目的は、脊柱周りの単関節筋の緊張をとり、筋肉の弾力を取り戻し、生理的S字彎曲を整えることです。脱力と小さな揺らぎを習得しましょう。基本リセットはうまくできるようになると7分程度で終了します。

ストレッチポールにのる時間は、連続15分以内で行なうように注意します。

ベーシックセブン　基本ポジション

フォーム　ストレッチポールには頭からお尻まで縦にのります。脚は腰幅くらいに広げ、膝は90度くらいに開いて立て、足の裏は床につけます。腕はやや広げた感じで肘から下を完全に床に預け、リラックスできたら、手のひらを上にします。

ポイント　この姿勢で最もリラックスできていること。脱力していること。背骨を重力から解放することが目的ですので、腰がストレッチポールについていること。脱力できるまで呼吸を繰り返します。

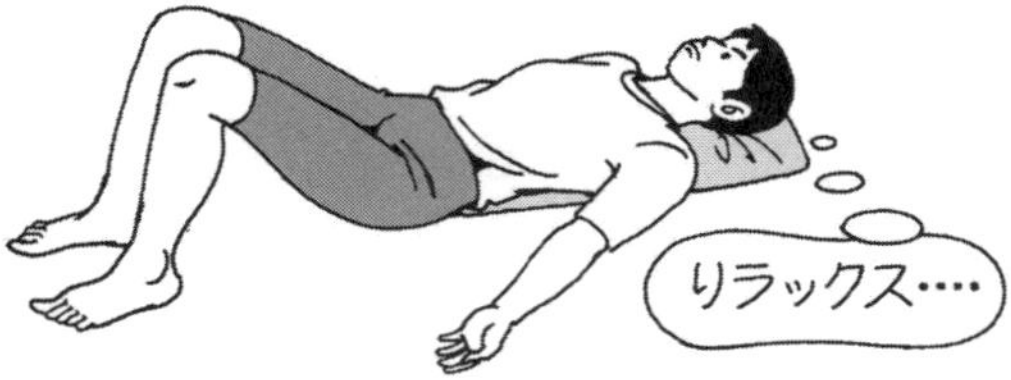
リラックス……

予備運動1　胸椎の小さな伸展

フォーム　肘、手の甲を床に置いたまま、両腕を胸の横あたりまで広げましょう。

エクササイズ　ゆっくり呼吸をしながら肘の力を抜きます。ゆったりとした呼吸を3回〜5回繰り返します。

ポイント　呼吸の吸い込みが楽になった感じや、胸が開くイメージをしましょう。力を入れたり、腕を床から持ち上げるように動かさないことが大切です。

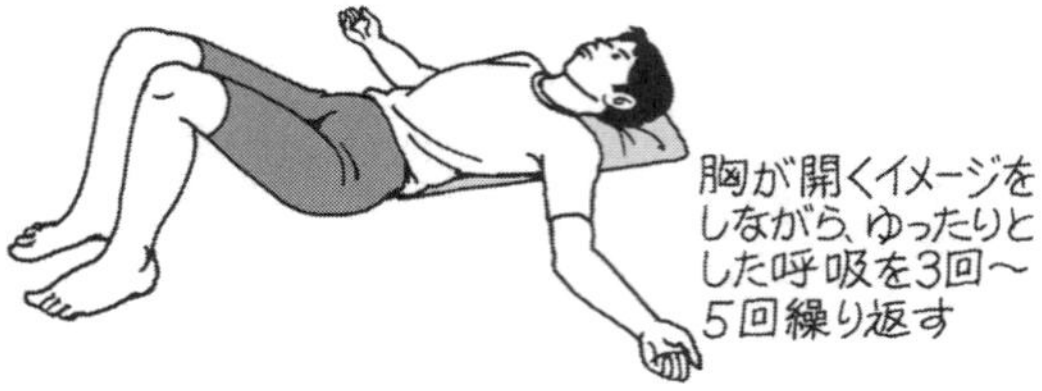
胸が開くイメージをしながら、ゆったりとした呼吸を3回〜5回繰り返す

予備運動2　腰椎の小さな伸展

フォーム　膝を外側に倒し、足の裏を中央に向けます。足裏は合わせる必要はありません。踵をポールから離し、股関節が楽な位置を見つけましょう。

エクササイズ　ゆっくり呼吸をしながら脚の力を抜きます。ゆったりとした呼吸を3回〜5回繰り返します。

ポイント　腰や股関節に痛みや違和感がある場合は、すぐに基本姿勢に戻します。膝角度を広めに取ると楽になります。

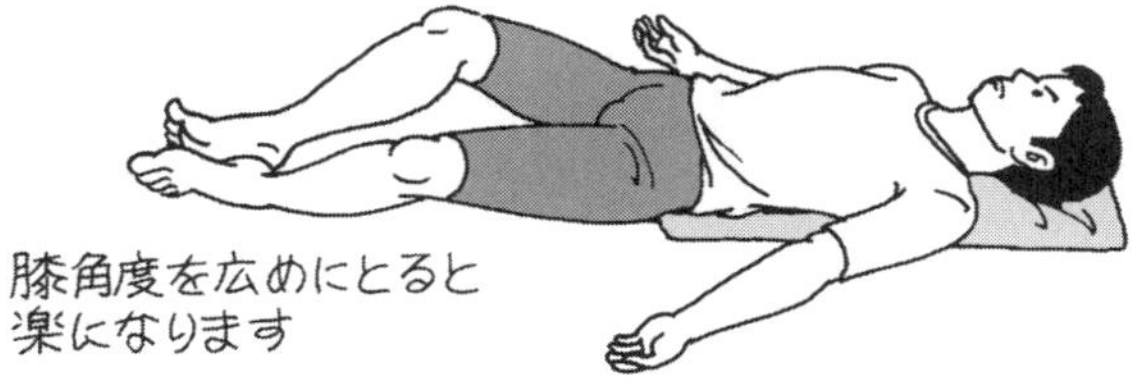
膝角度を広めにとると
楽になります

予備運動3　脊柱の小さな回旋

フォーム　片足をゆっくり伸ばします。足がいちばんリラックスする位置に踵を置きましょう。足の位置が決まったら、対角の手を肘、手の甲がついたまま、肩より少し上に上げます。

エクササイズ　ゆっくり呼吸をしながら身体をストレッチポールに預けます。斜めにもたれかかっているようなイメージです。ゆったりとした呼吸を3回〜5回繰り返します。反対も行ないます。

ポイント　肩や肩甲骨、腰、股関節の部分に緊張感がないことが大切です。

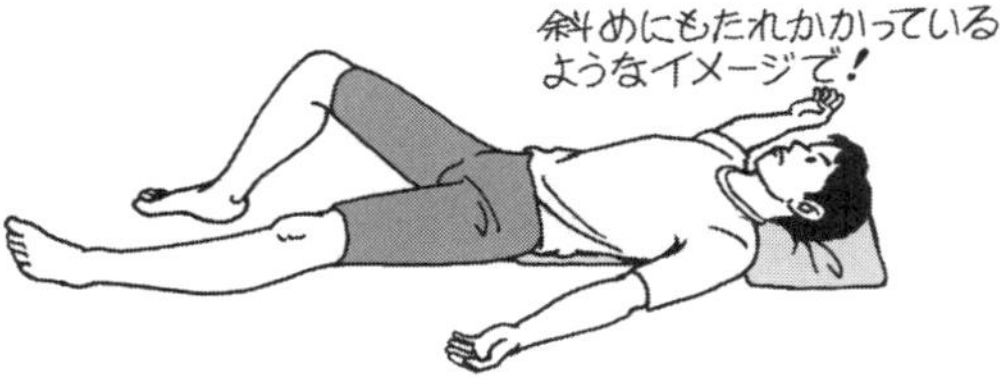
斜めにもたれかかっている
ようなイメージで！

ベーシック1　肩甲骨を揺らし胸椎周りの緊張をとる

フォーム　基本ポジションの手を置いている位置で、肘、手首、手を床に預けている状態です。

エクササイズ　基本ポジションの手を置いている位置で、腕を揺らすように動かしてみましょう。力を抜き、その振動が肘、肩に伝わるように揺らします。肩が揺れる感覚です。

ポイント　力を抜き、動かしやすい腕の位置を見つけます。肩甲骨や肩が緩んで、床側に近づく体感です。

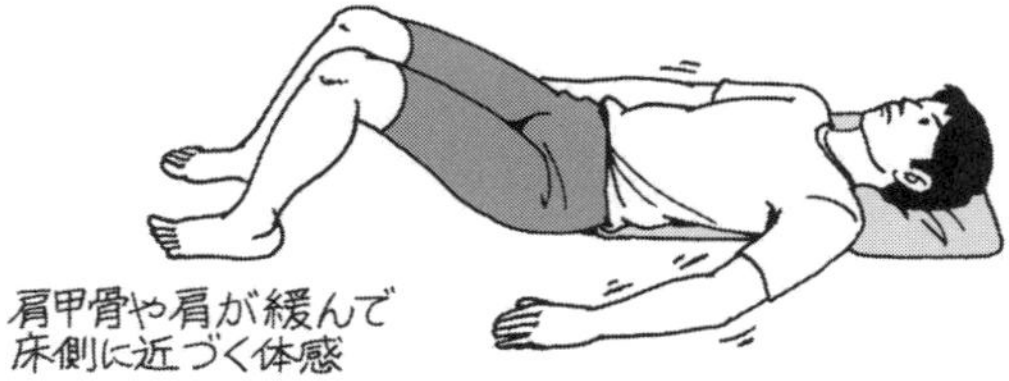
肩甲骨や肩が緩んで
床側に近づく体感

ベーシック2　肩甲骨を外転させ脊柱の小さな屈曲を狙う

フォーム　両手を天井方向に上げます。

エクササイズ　肩甲骨がストレッチポールから離れるように、引き上げます。背骨がストレッチポールにさらについた感じがします。元の位置に戻します。

ポイント　肩甲骨を中心から引き離すイメージです。ぎゅっと力が入ることがないように注意します。肩や頸が緊張することがないようにします。

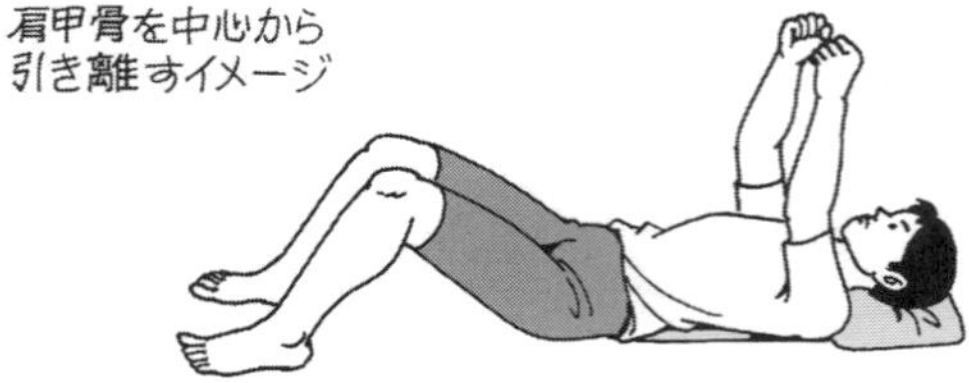
肩甲骨を中心から
引き離すイメージ

ベーシック3　腕を外転と内転させ、胸椎の小さな伸展を狙う

フォーム　基本ポジション、手の甲と肘を床に着いた状態からはじめます。

エクササイズ　両腕を、扇を広げるように頭のほうに上げていきます(腕の外転運動)。肩に引っかかりのない状態で、肘を床から離さずに力を抜いて行ないます。そして下に下げます（内転)。外転、内転をゆっくりと繰り返します。

ポイント　頭のほうに上げる際に、肩が窮屈でないことが大切です。肘が床から持ち上がることがないように。伸びをする感覚ではありません。ストレッチとは違うということを覚えましょう。

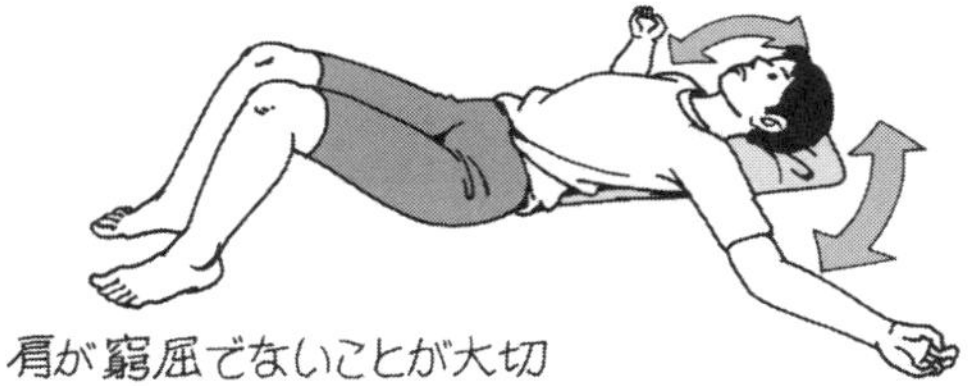
肩が窮屈でないことが大切

ベーシック4　股関節の小さな内外旋

フォーム　両足をゆっくり伸ばして、力を抜きます。

エクササイズ　爪先が外側内側と小さな力で、自動車のワイパーのような動きを繰り返します。脚を付け根から揺らすような感覚で動かしましょう。股関節のねじが緩むような感覚で行ないます。

ポイント　腰、股関節に違和感があったらすぐに基本姿勢に戻します。痛みや違和感がある場合、脚を股関節より上に置くと楽になります。より重力から解放される状態をつくります。

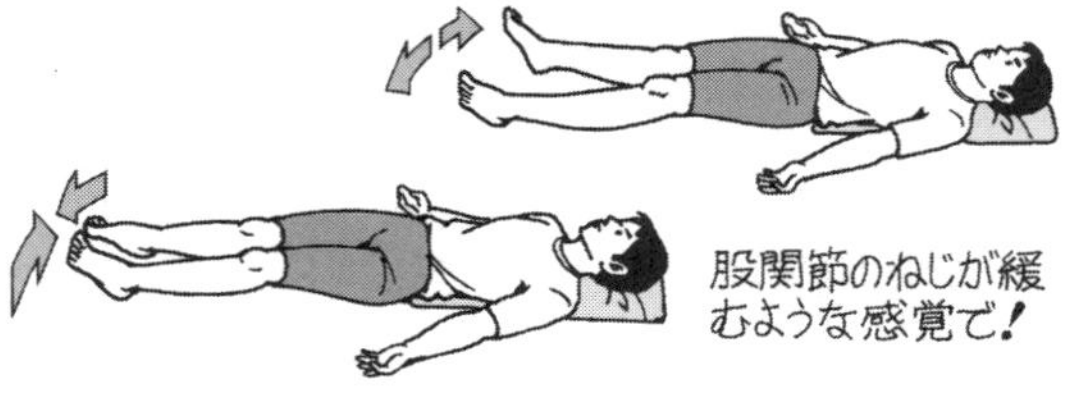
股関節のねじが緩
むような感覚で!

ベーシック５　膝関節の小さな屈曲で、股関節を外転、外旋させ骨盤前後傾を狙う

フォーム　両足を伸ばして　脱力した姿勢をとります。

エクササイズ　膝を外に小さく開くように、曲げます。踵は床に残したまま、膝を３ｃｍほど曲げたり伸ばしたりを繰り返します。骨盤まで動きが軽く伝わります。

ポイント　膝を大きく曲げ伸ばしする感覚ではありません。痛みや違和感がある場合、脚を股関節より上に置くと楽になります。より重力から解放される状態をつくります。

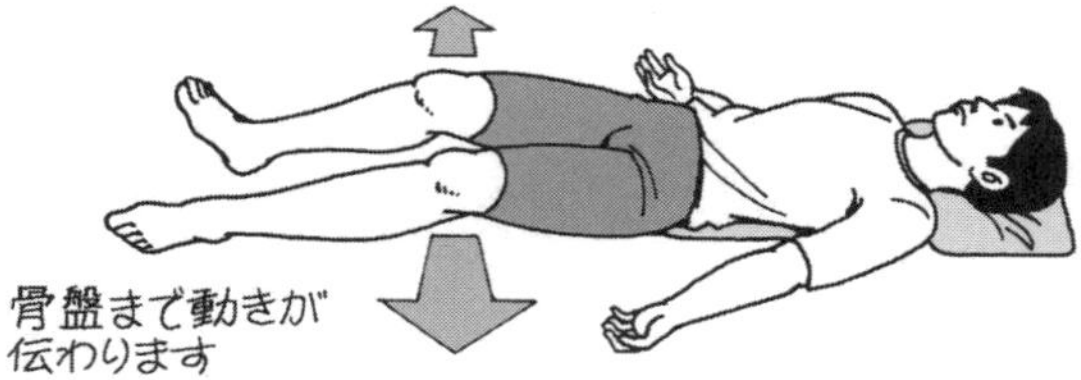
骨盤まで動きが
伝わります

ベーシック６　揺らぎで脊柱の連動を狙う

フォーム　最後は基本姿勢をとってスタートします。

エクササイズ　ストレッチポールを少しだけ転がすようにします。肩甲骨と肩甲骨の間でコロコロと転がします。全身の力を抜きます。

ポイント　これは全体が柔らかく動くことを確かめます。力が抜けて柔らかくしなるような動きがみてとれます。

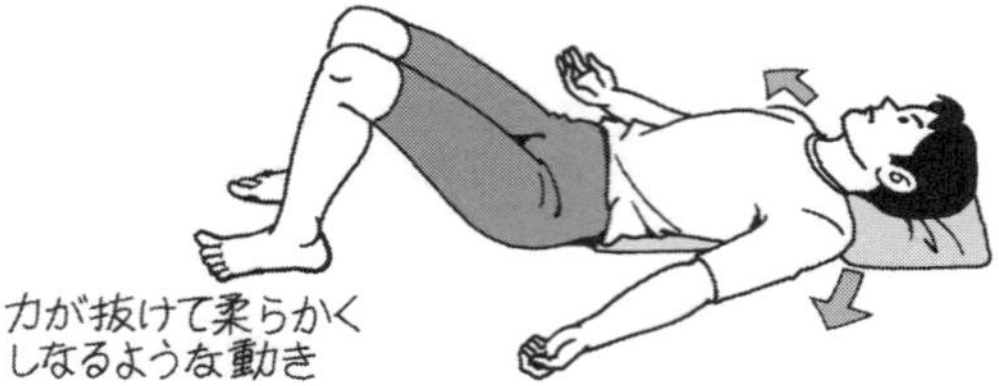
力が抜けて柔らかく
しなるような動き

ベーシック７　呼吸

最後は基本姿勢をとって自然な呼吸を繰り返します。３回～５回程度の呼吸を繰り返します。呼吸ごとにリラックスする感覚を味わっていただきたいのです。ここでゆっくりと降りて、床に寝てみます。最初と違う感覚を感じてみてください。身体の変化を体感覚として感じます。

そして、立ち上がり身体を感じます。地に足がついている、身長が伸びた感覚がするなど、ストレッチポールにのる前との比較をしましょう。

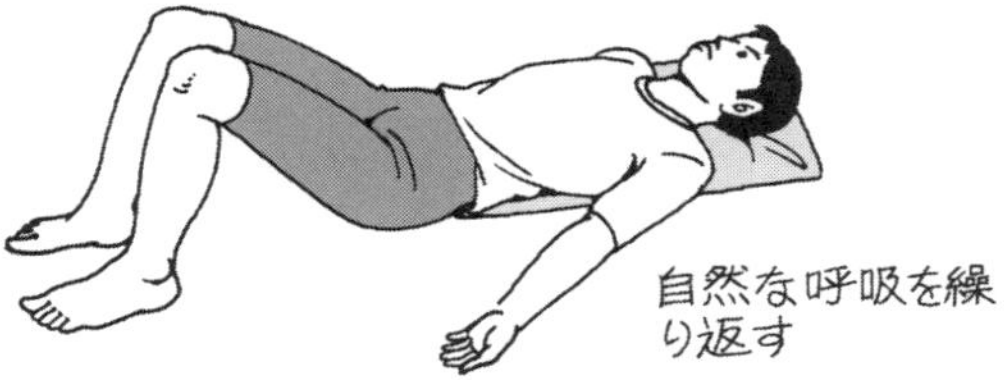

†筋肉をリセットして弾力を取り戻す

筋肉のリセットは、ドルフィングテクニックを併用するリセットコンディショニングです。関節の動きがどうしてもうまくでない、周りの筋肉が硬い、張っている感じがするときなどに行ないます。骨格、筋肉、リンパ節へのアプローチは一度全部練習してみて、自分の身体にあうコンディショニングをみつけるとよいでしょう。

たとえば、時間のないときは骨格のみ。筋肉にコリやハリ感が強い方は筋肉のリセットコンディショニングを中心に。むくみや冷えに悩む方やリンパ節の硬い方はリンパ系にアプローチする。……など、自分にあった方法をどうぞみつけてください。

1. 脱力をして関節の力を抜きます。軽く関節を動かします。
2. その関節に関与している筋肉を軽くラブィングします。
3. 硬くなっている場所があれば、そこをポンパージュします。
4. そして筋肉に圧を入れたまま、関節を動かします。
5. 呼吸は自然に行ないます。
6. 回数にこだわるのではなく、すっと力が抜けたら終了です。

骨格
リンパ節
筋肉
自分の身体にあった方法をみつけよう!!

10. 首の周りの筋肉のリセット

肩こり・首のこり・頭痛・目の疲れやすい方

フォーム　膝を三角に立て、膝の間はこぶし一つ程度開きます。爪先は前を向いています。背骨が床についていることを確かめます。

コンディショニング　首の横にある頭を支えている筋肉を上から下にさすります。首の前にある筋肉も同じように上から下にさすります。筋肉に硬いところがあったらそこを、円を描くように圧を入れます。圧を入れたまま、首を小さく「うんうん」とうなずくように、できるだけ小さく動かします。次に「いやいや」をするように、できるだけ小さく頭を左右に動かします。指の腹で筋肉の柔らかくなるのを感じてみましょう。呼吸は自然に行ないます。

※椅子に座った状態でもリセットできます。背骨が重力に抗しているので、背骨を背もたれに預け、筋肉を丁寧に触り、できるだけ小さく動かしましょう。

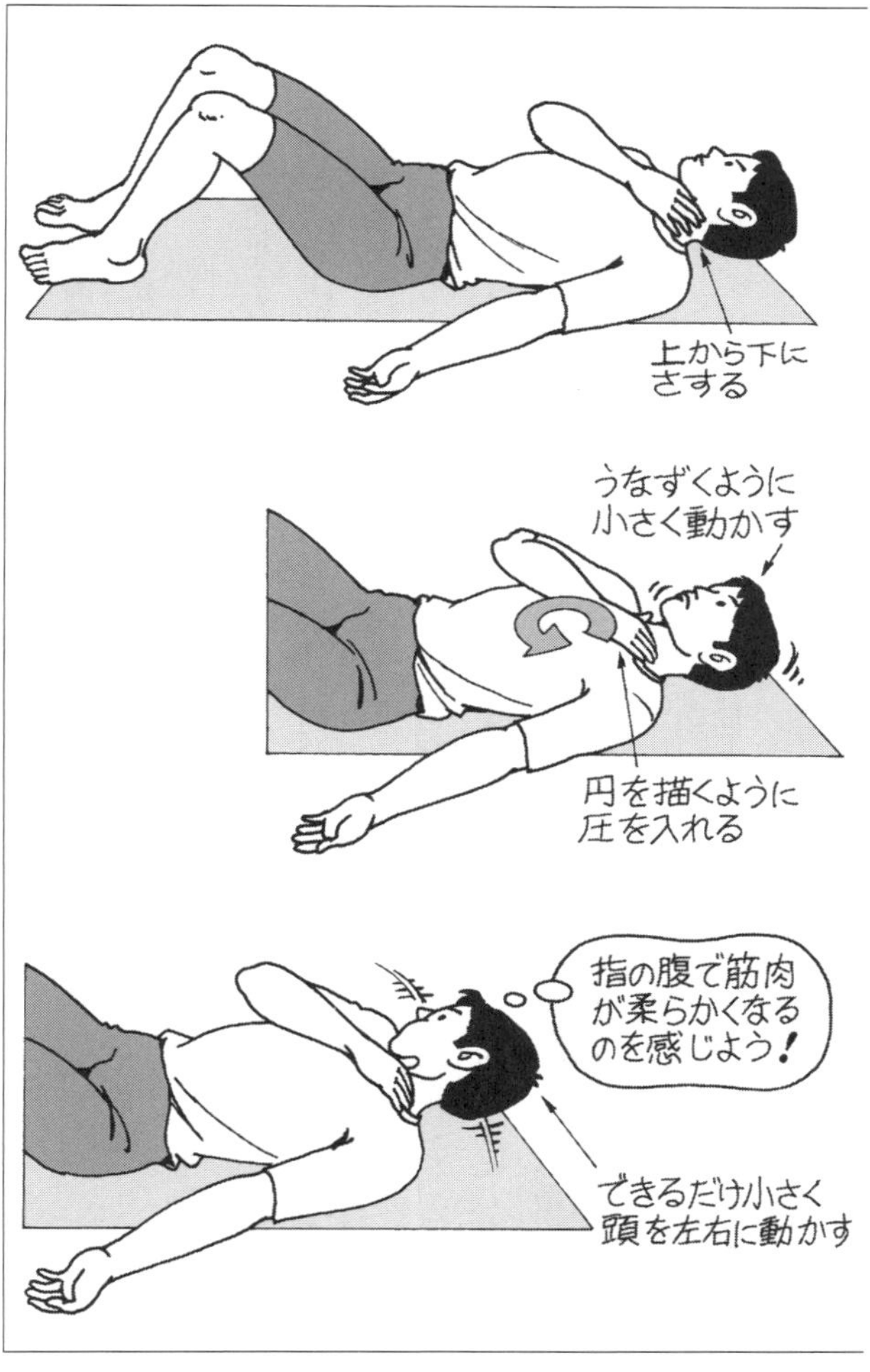
上から下に
さする
うなずくように
小さく動かす
円を描くように
圧を入れる
指の腹で筋肉
が柔らかくなる
のを感じよう！
できるだけ小さく
頭を左右に動かす

11．肩周りの筋肉のリセット

肩こり・首のこり・呼吸の浅い方・腕の動きが悪い方

フォーム　楽に立ちます。肩をぶら下げるような感覚でスタンバイします。このときにアプローチする筋肉は2か所、肩甲骨の内側、首の付け根と鎖骨の外側のポコンとでた場所です。

コンディショニング　首の上から肩甲骨までさすります。その筋肉に圧をいれ、筋肉を分けるように、円を描きながら徐々に下にずらします。肩甲骨の辺りを圧したまま、腕をぶらぶらと前後に振ります。ぶらぶらと動くたびに、この筋肉が柔らかくなる感覚を感じましょう。次に鎖骨の下を中心から外側にさすります。外側にポコンとでている場所を見つけたら、円を描くように圧を入れます。そこを押さえたまま、腕を付け根からくるくると回すように、外回し・内回しを行ないます。その場所の固さがほぐれてくるのを感じましょう。

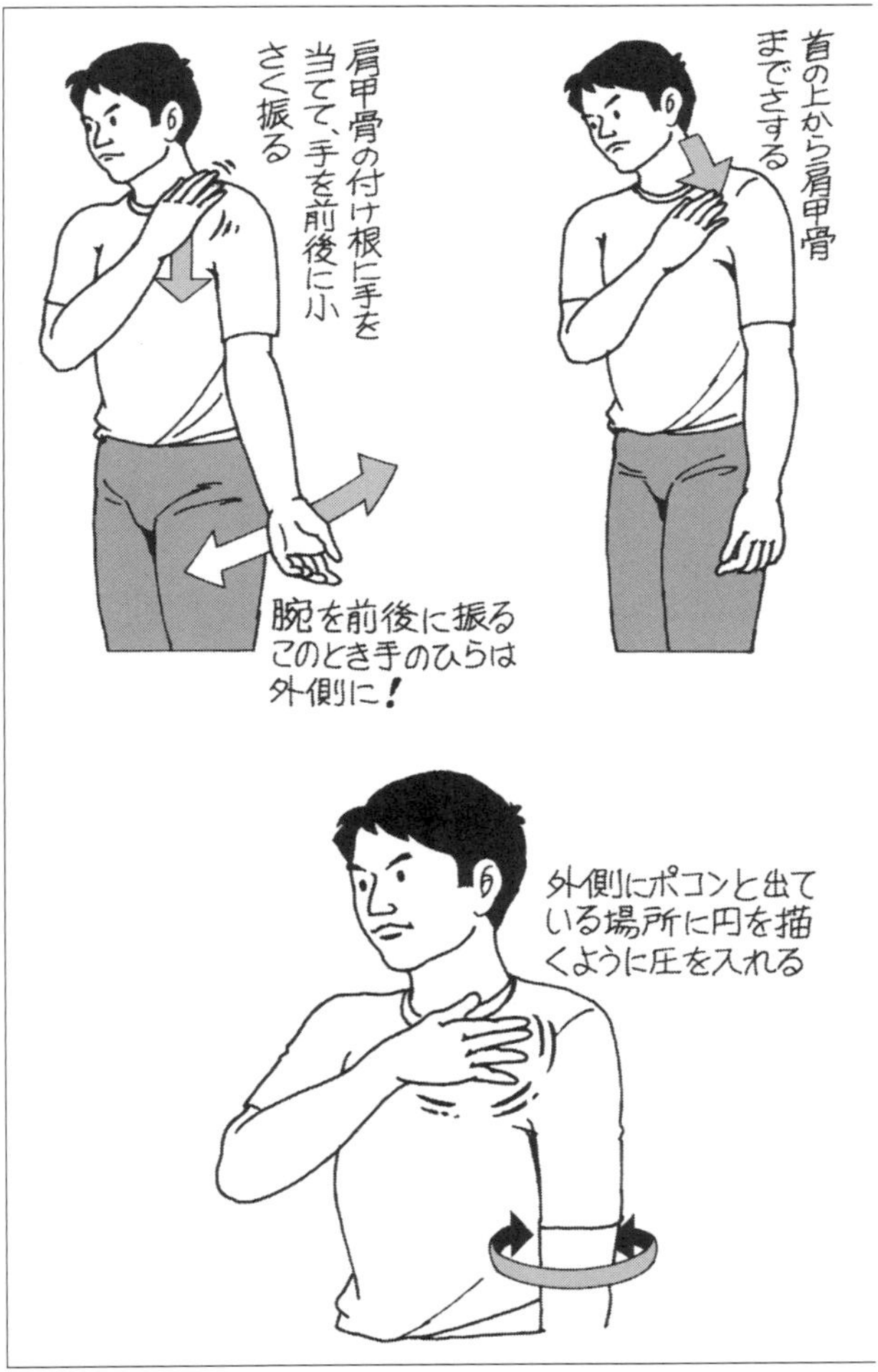
肩甲骨の付け根に手を当てて、手を前後に小さく振る
首の上から肩甲骨までさする
腕を前後に振る
このとき手のひらは
外側に!
外側にポコンと出ている場所に円を描くように圧を入れる

12. 肘・手首周りの筋肉のリセット

腕や手首にだるさを感じる方・手のグーパーが硬い方・ゴルフの前に

フォーム　楽に立ちます。椅子に座ってもＯＫです。アプローチする筋肉は手首から肘にかけての筋肉です。

コンディショニング　手首から肘にかけての筋肉を丁寧にさすります。腕の外側の筋肉に円を描くように圧を入れます。肘の下を軽く押さえ、この状態で肘から下を回すように、外回し・内回しを行ないます。とくに外回しを念入りに行ないます。できるだけ小さな力で回します。呼吸は自然呼吸です。次に手首をもちます。もった手で手首を振りましょう。手首がふらふらと揺れるのを確かめましょう。

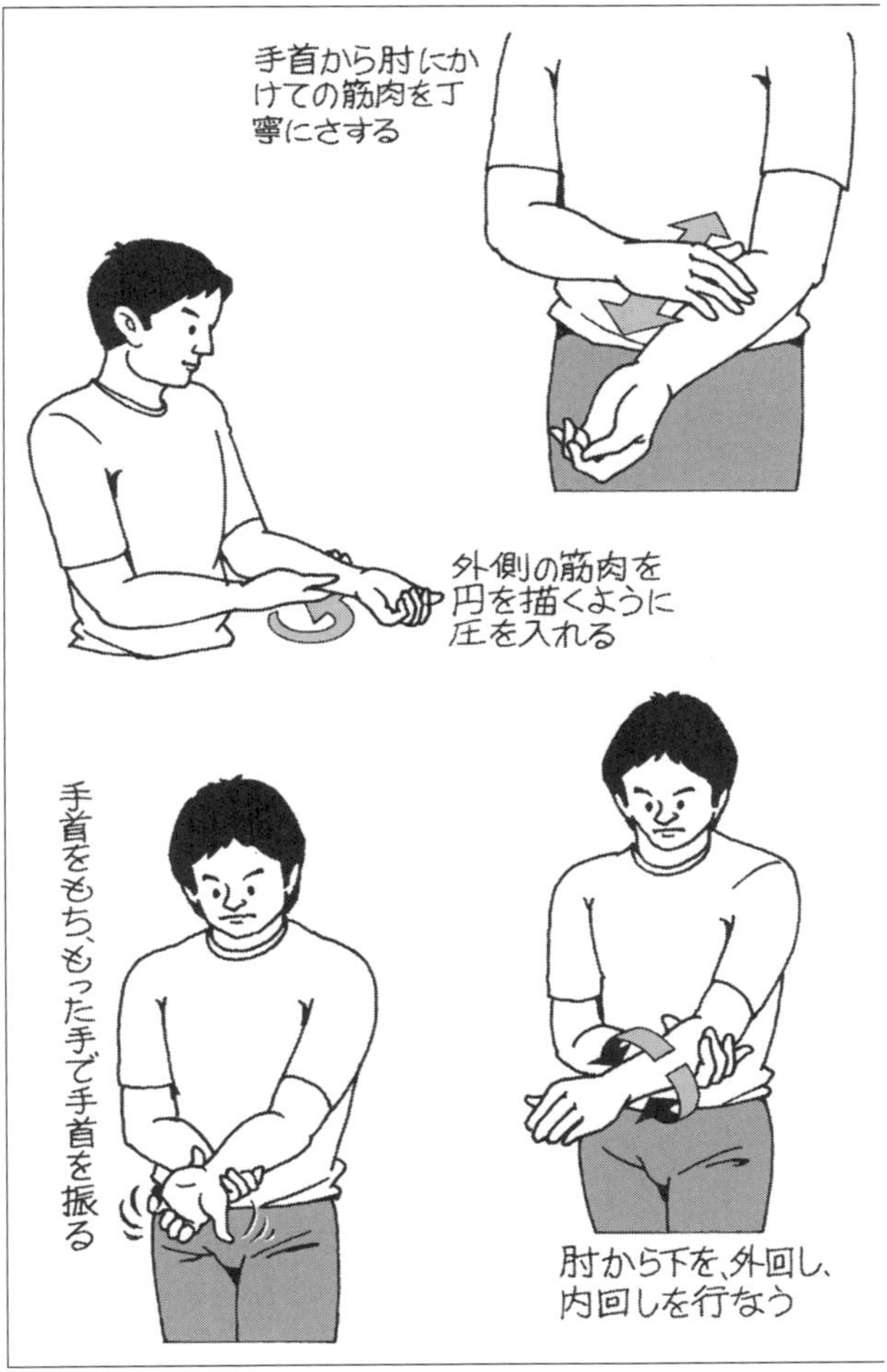
手首から肘にかけての筋肉を丁寧にさする
外側の筋肉を円を描くように圧を入れる
手首をもち、もった手で手首を振る
肘から下を、外回し、内回しを行なう

13. 骨盤周りの筋肉のリセット

背中・腰に違和感のある方・便秘やげり気味の方

フォーム　脚を伸ばして横になります。脚幅は腰幅、腰骨のでっぱりと、膝が一直線です。両ウエスト、腰骨に沿わせた位置に手をLの字に置きます。

コンディショニング　お腹周りを手のL字でさすります。その手に少し力を入れ、腰骨の上に圧を入れます。踵を交互に押し出します。このとき爪先の力は抜いておきます。踵の動きと骨盤が連動して、骨盤が上下に動きます。骨盤を上下に動かす意識でなく、踵を小さく押し出したらそれにつられて骨盤が動くように行ないます。小さく連続して押し出します。腰周りの筋肉が柔らかくなっていく感覚を手で感じます。

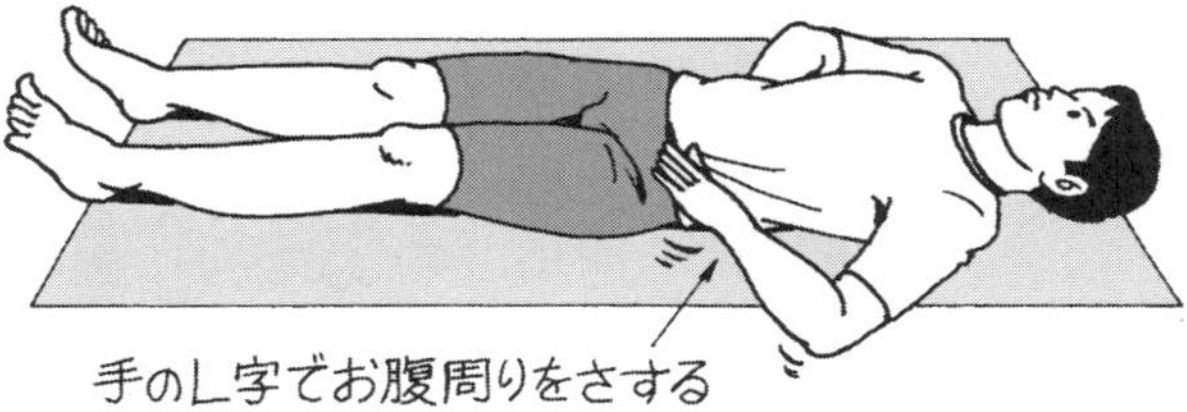
手のL字でお腹周りをさする

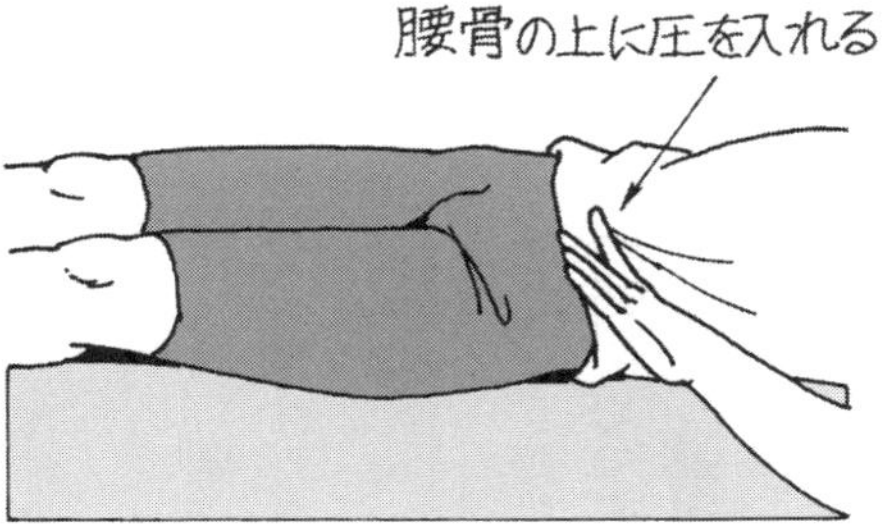
腰骨の上に圧を入れる

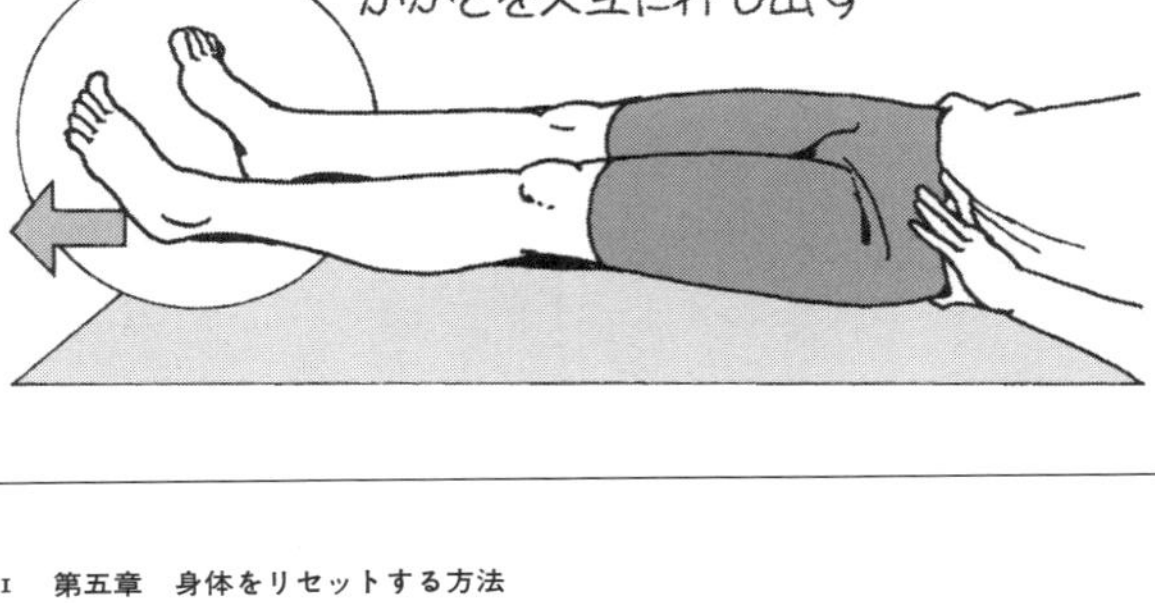
かかとを交互に押し出す

14．膝・股関節周りの筋肉のリセット

脚がだるい・膝に痛みや違和感がある方・股関節に詰まり感、違和感がある方

フォーム　床に座り、片脚を前に投げ出します。脚全体を脱力しています。膝の裏が床から浮いている方はタオルを丸めて入れます。反対の脚は楽に曲げておきましょう。

コンディショニング　太腿の外側と内側を膝から上に握りこぶしでさすります。手で膝の横をもち、とんとんと曲げ伸ばしをします。呼吸は自然呼吸です。脱力をして、膝頭の上に圧を入れ手で上下させることが大切です。股関節と膝のコンディショニングです。トントンするときは、脚を少し引っ張るような気持ちで行ないます。

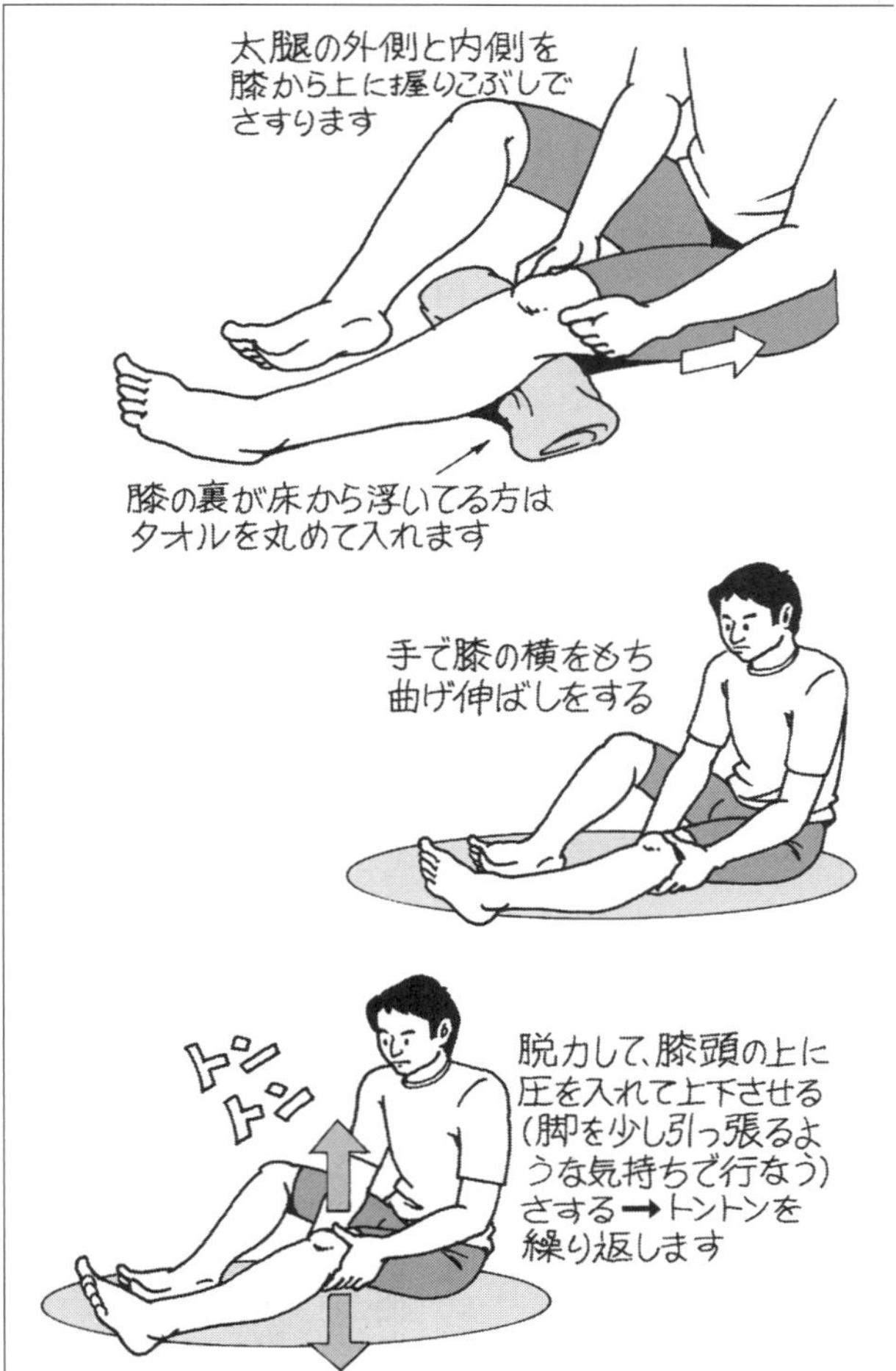
太腿の外側と内側を
膝から上に握りこぶしで
さすります
膝の裏が床から浮いてる方は
タオルを丸めて入れます
手で膝の横をもち
曲げ伸ばしをする
トンートンー
脱力して、膝頭の上に
圧を入れて上下させる
(脚を少し引っ張るよ
うな気持ちで行なう)
さする➡トントンを
繰り返します

15．股関節周りの筋肉のリセット

脚がだるい方・股関節に詰まり感、違和感がある方

フォーム　床に座り、片脚を前に投げ出します。脚全体を脱力してしてします。反対の脚は楽に曲げておきましょう。

コンディショニング　股関節・鼠頸部を内側から外側にさすります。次に太腿の内側と外側を膝から円を描きながら股関節まで圧を入れてきます。太腿の内側と外側の硬い場所に圧を入れながら、股関節から引き抜くようなイメージで脚を回します。脚を脱力して、踵を支点にくるくると足が回るようなイメージです。呼吸は自然呼吸です。内回し、外回しをバランスよく回します。脱力して回すことがポイントです。

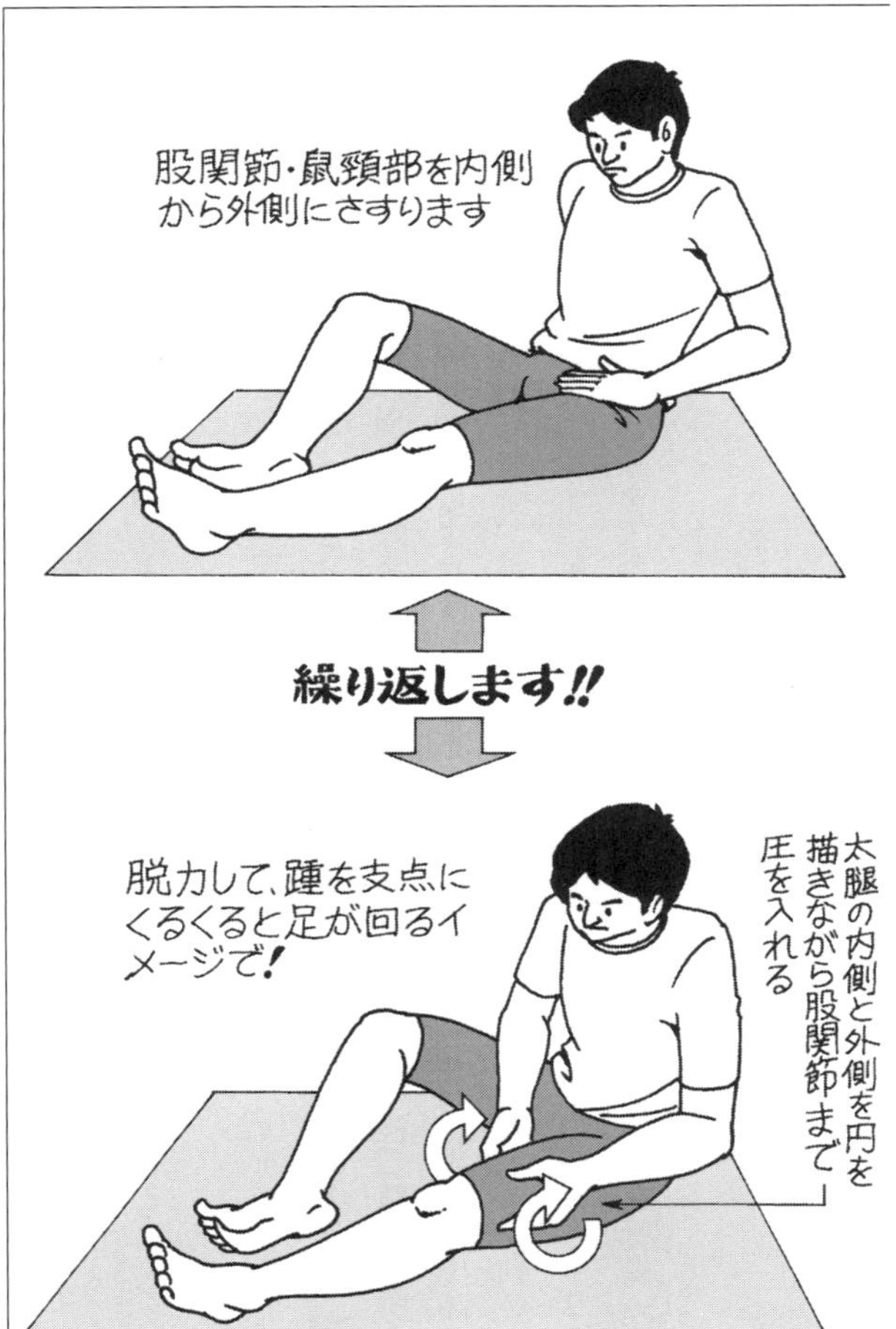
股関節・鼠頸部を内側から外側にさすります
繰り返します!!
脱力して、踵を支点にくるくると足が回るイメージで!
太腿の内側と外側を円を描きながら股関節まで圧を入れる

16. 足首周りの筋肉のリセット

足首が硬い方・足の冷えやむくみを感じる方

フォーム 片足の上に足を上げます。下にある足の膝をロックしないように、膝下にはタオルを入れます。くるぶしに手を添え、反対の手で踵をもちます。

コンディショニング 踵の周りを軽く圧を入れるように握ります。その後、踵を揺すります。くるぶしと踵が離れるような、足首を緩めるイメージをもちます。足や膝下に振動が伝わるのを感じます。最初は動きづらいかもしれませんが、丁寧に動かすと、徐々に動きができてきます。足指と手の指を握手させます。足指の間をさすります。内くるぶしの周りに圧を入れながらさすります。その後、足首回しを行ないます。

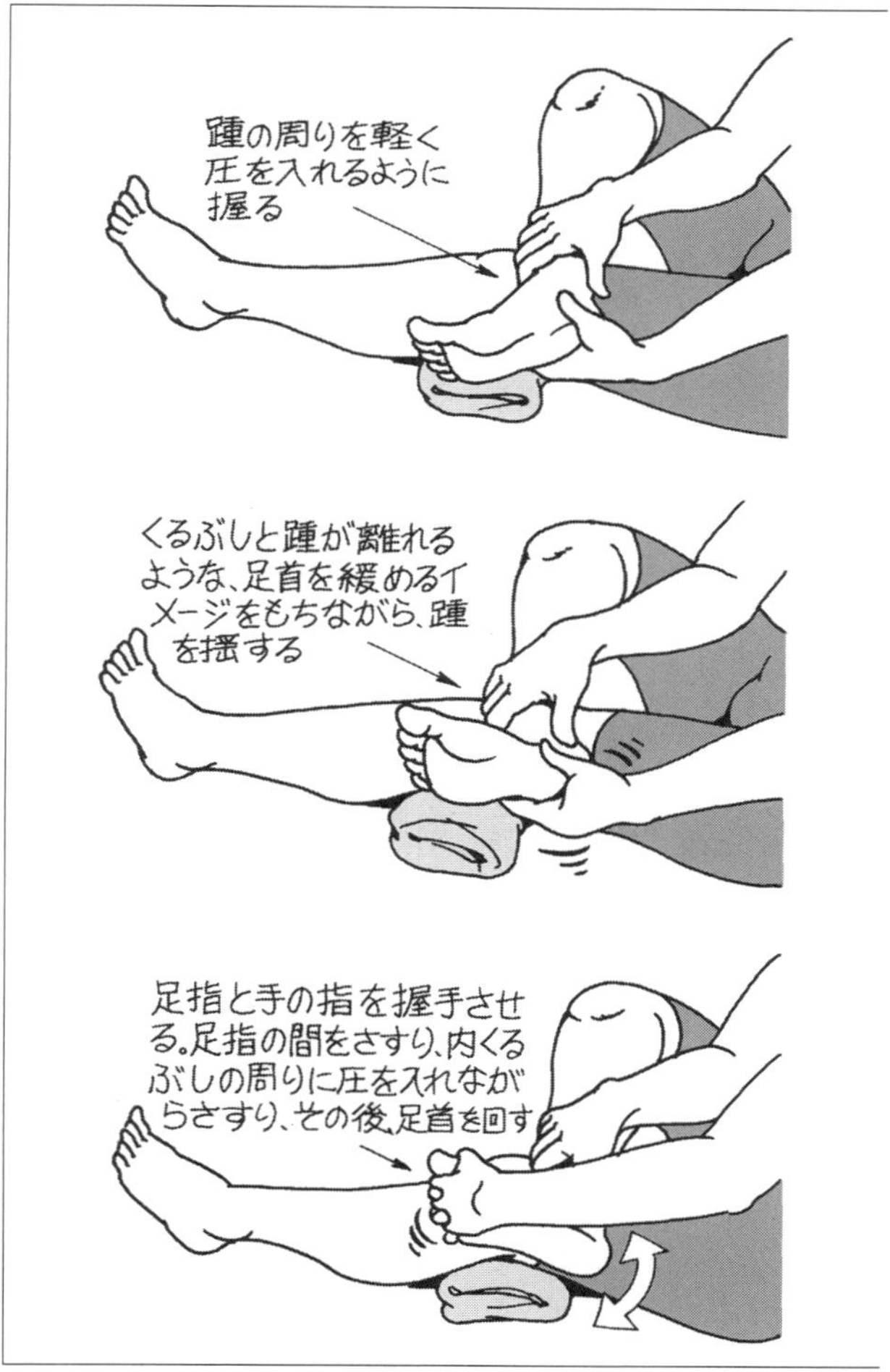
踵の周りを軽く
圧を入れるように
握る
くるぶしと踵が離れる
ような、足首を緩めるイ
メージをもちながら、踵
を揺する
足指と手の指を握手させ
る。足指の間をさすり、内くる
ぶしの周りに圧を入れなが
らさすり、その後、足首を回す

†リンパ節の改善で筋肉と関節の動きをさらに滑らかに

骨格や筋肉のリセットコンディショニングを行なっても、いま一つ動きの悪い場合は、リンパ節に滞りがあります。リンパ節はぶどうの房のようになっていますが、硬く、コリコリと塊のような手ごたえなら滞っている証拠です。リンパが詰まっていては、身体の掃除はできませんね。股関節や首が詰まった感じがする方のほとんどは、ここがポイントになります。

リンパ節は詰まっていると硬いのですが、ぎゅうぎゅう圧すと腫れてしまう場合があります。やさしく、円を描くように、このぶどうの房をばらばらにほぐすようにすることがテクニックです。また鼠頸リンパ節（股関節）・腸骨リンパ節・腋下リンパ節・鎖骨下リンパ節は身体の中心に近く、老廃物が流れにくい場合は、手足からドルフィングするより先に、ここをドルフィングするとよいでしょう。ポイントは、次の3点です。

1. 筋肉を軽くラブィング、リンパ節に圧をいれ ポンパージュします。
2. 硬くなっている筋肉があれば、そこをポンパージュし、ラブィングします。
3. その関節を動かします。
4. すっと血液が通ったような感じになり、力が抜けたら終了です。

テクニック!!

17．足首周りのドルフィング

足首が硬い方・足の冷えやむくみを感じる方

ポイント ①足の指の間　②足首の付け根（前）　③くるぶしの周り

コンディショニング　足の指を分けるようにさすります。次に両くるぶし周りを、指を鍵型にして圧し上げるように、ポンパージュします。そして足首の付け根（前）のくぼみに、親指を入れ、ポンパージュします。そのまま圧を入れた状態で、爪先を何度か持ち上げます。膝の真ん中に、人差し指が一直線に持ち上がるようにしましょう。その後ふくらはぎをさすり上げます。

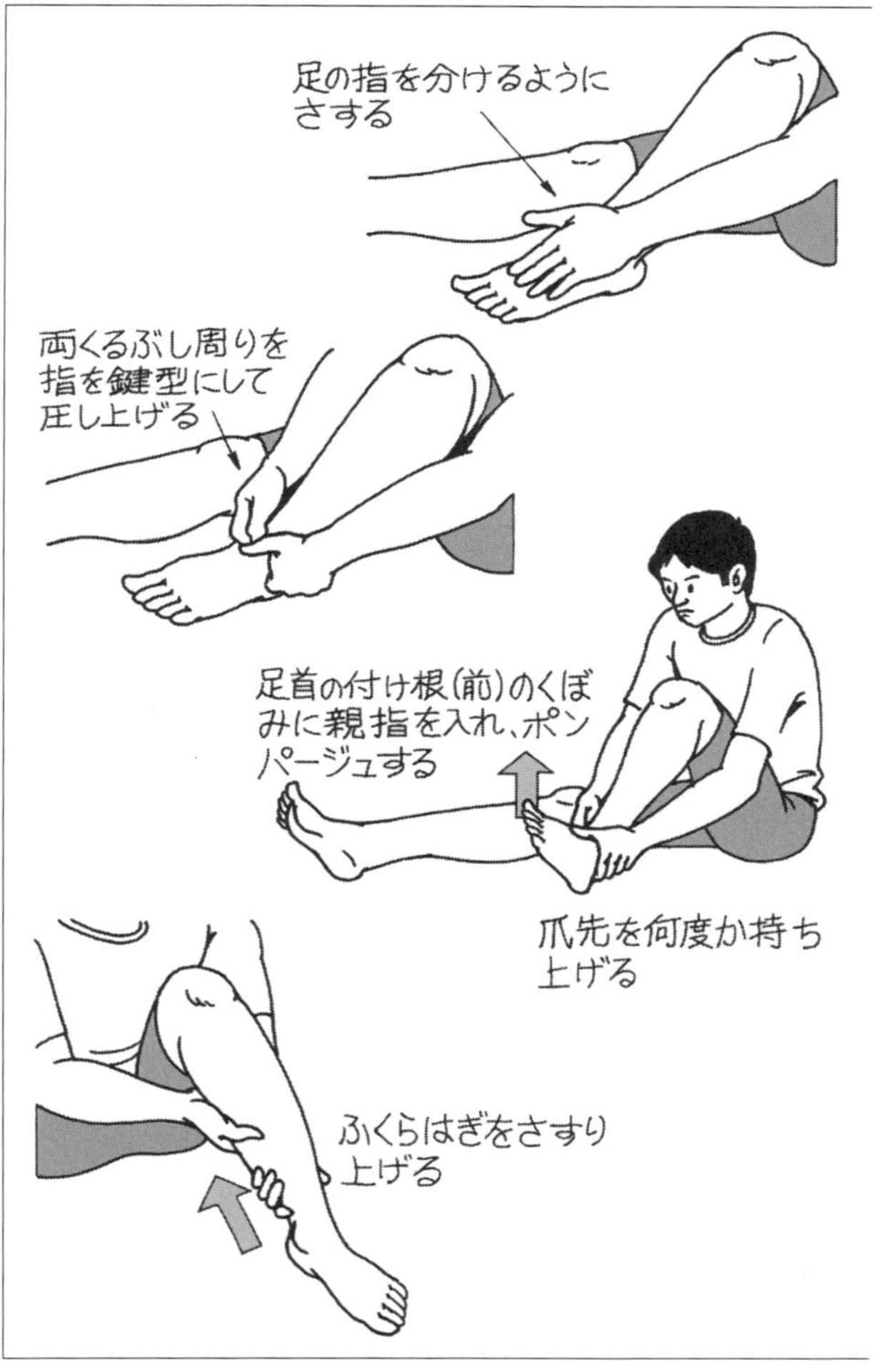
足の指を分けるように
さする
両くるぶし周りを
指を鍵型にして
圧し上げる
足首の付け根(前)のくぼ
みに親指を入れ、ポン
パージュする
爪先を何度か持ち
上げる
ふくらはぎをさすり
上げる

18．膝下リンパ節のドルフィング

足首が硬い方・足の冷えやむくみを感じる方

ポイント　①ふくらはぎ　②膝の裏のくぼみの膝窩リンパ節

コンディショニング　ふくらはぎをさすり上げます。そしてふくらはぎに指全体で圧を入れ、指を横にずらします。ふくらはぎをほぐすようなイメージです。次に、膝裏のコリコリとしている場所を探し、円を描くように、ポンパージュでやさしく圧を入れます。膝裏の下だったり、真ん中だったりと個人差があります。気持ちよい場所を探します。うまくポンパージュできると、すっと血液が通ったような感じになります。次は膝裏に圧を入れたまま、膝をトントンと曲げ伸ばしします。最後にふくらはぎをもう一度さすり上げます。

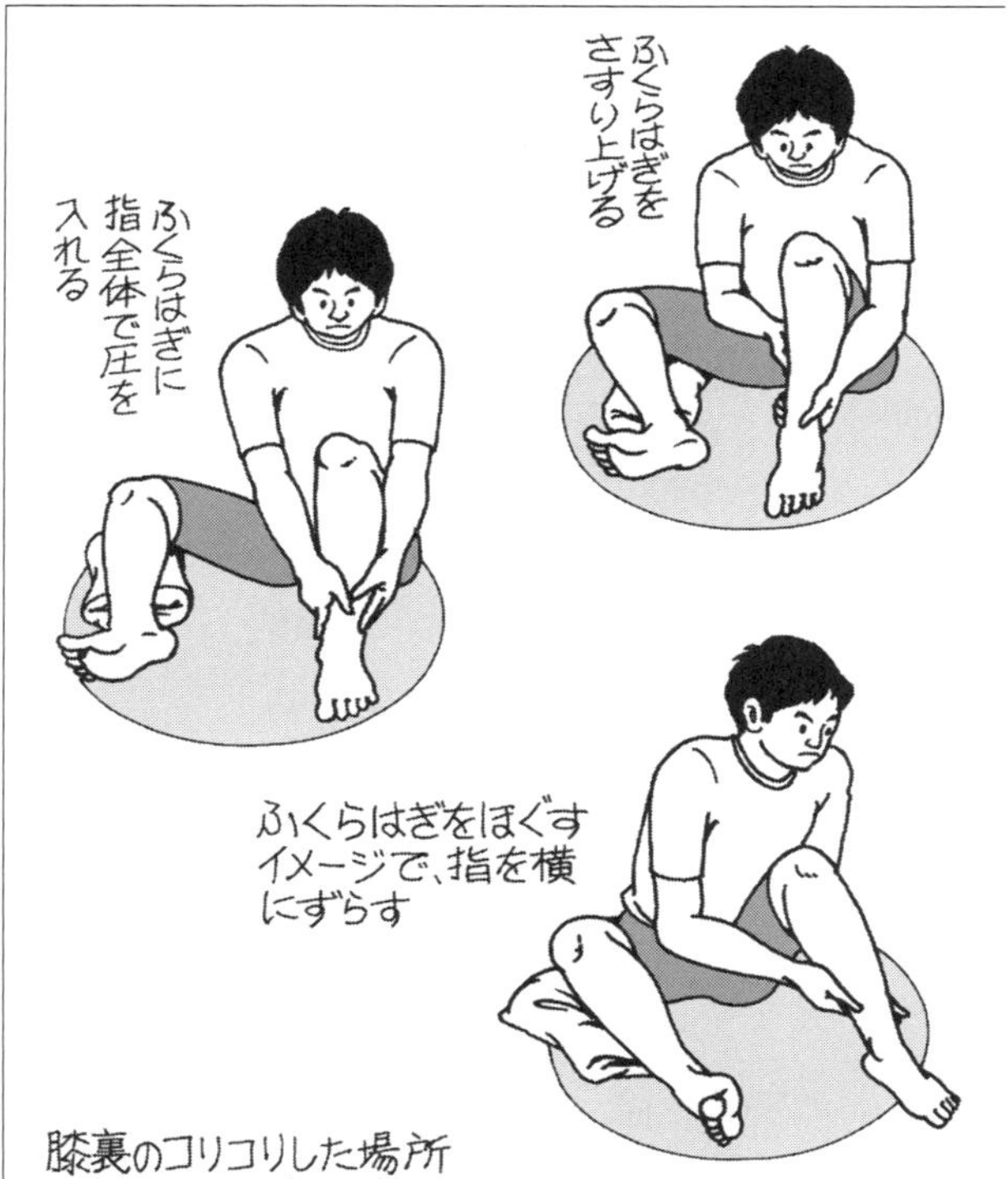
ふくらはぎをさすり上げる
ふくらはぎに指全体で圧を入れる
ふくらはぎをほぐすイメージで、指を横にずらす
膝裏のコリコリした場所を探し、円を描くようにポンパージュする

19. 鼠頸リンパ節のドルフィング

脚がだるい方・股関節に詰まり感、違和感がある方

ポイント　①内外腿　②股関節の真ん中あたりの鼠頸リンパ節

コンディショニング　太腿の外側と内側を、膝から上に握りこぶしでさすります。内腿は手のひらで丁寧にさすってもいいでしょう。次に股関節真ん中あたりの、鼠頸部を指でポンパージュします。鼠頸リンパ節は、硬くて大きな塊になっていることが多いので、丁寧にポンパージュしましょう。次に太腿の内側と外側の硬い場所に圧を入れながら、股関節から引き抜くようなイメージで脚を回します。

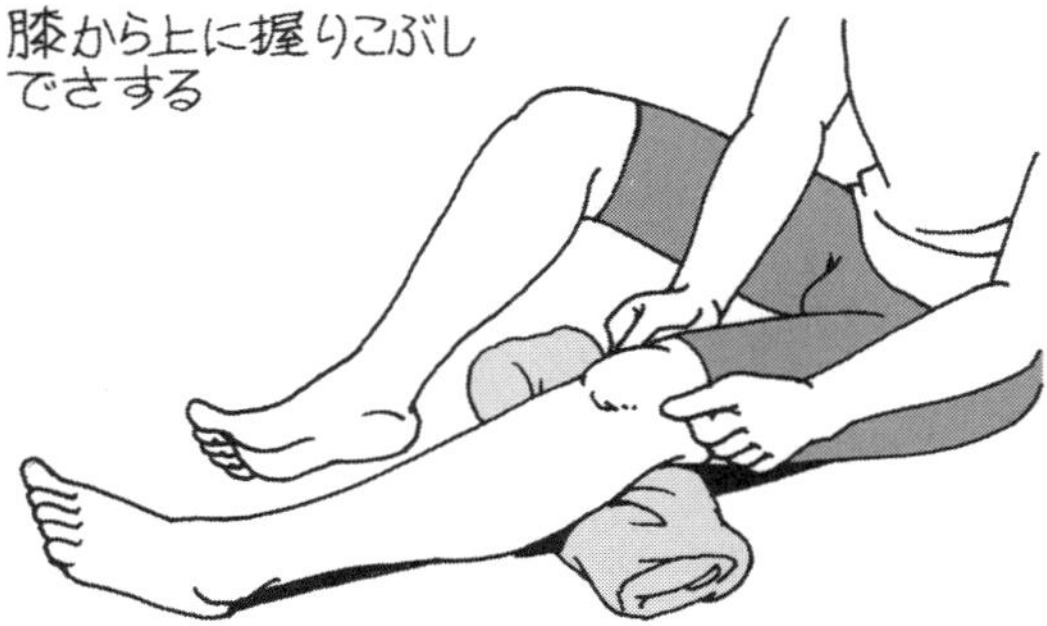
膝から上に握りこぶし
でさする

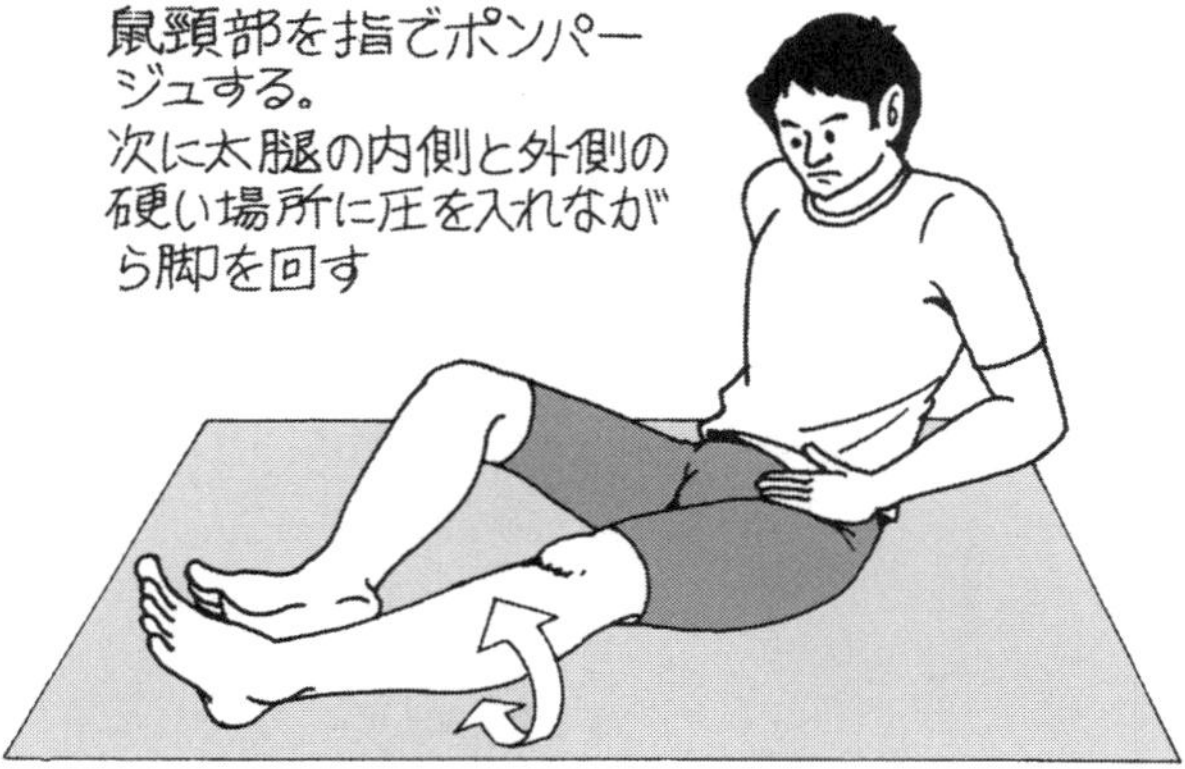
鼠頸部を指でポンパー
ジュする。
次に太腿の内側と外側の
硬い場所に圧を入れなが
ら脚を回す

20．腸骨リンパ節のドルフィング

背中、腰に違和感のある方・便秘やげり気味、膨満感がある方

ポイント　①腹部　②腸骨（骨盤）の内側の腸骨リンパ節

コンディショニング　腰骨の上を背中側からお腹に向けてさすります。お腹を右下から上、横、下と腸の流れに沿って円を描くようにさすります。腰骨の内側に手を押し込み、少し強めに圧を入れ、ポンパージュします。もう一度お腹に円を描きます。お腹が柔らかくなった感覚があるはずです。最後は両ウエスト、腰骨に沿わせた位置に手をLの字に置き、踵を交互に押し出します。踵の動きと骨盤が連動して、骨盤が上下に動きます。お腹が温かくなる感覚があります。

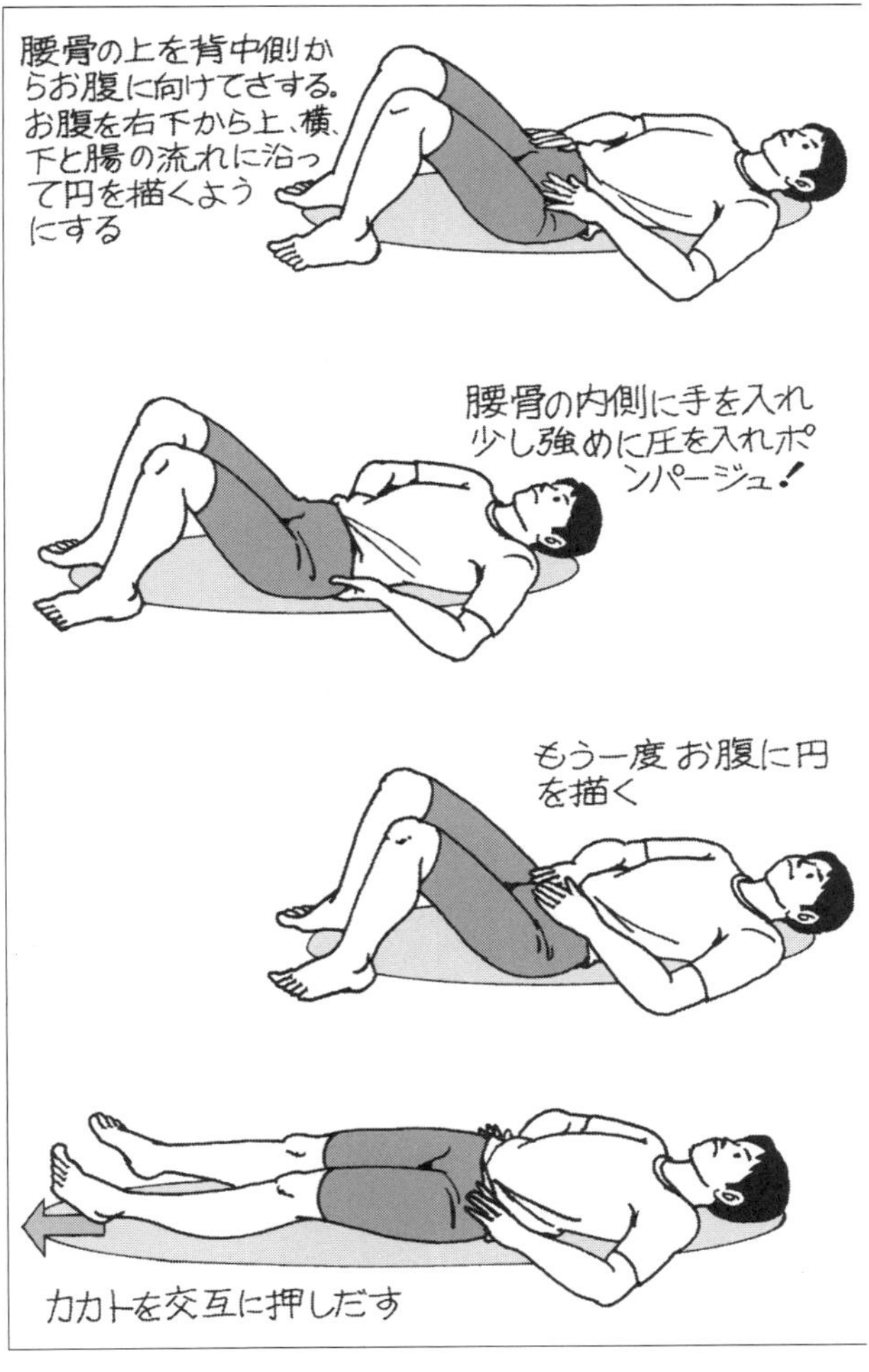
腰骨の上を背中側か
らお腹に向けてさすする。
お腹を右下から上、横、
下と腸の流れに沿っ
て円を描くよう
にする
腰骨の内側に手を入れ
少し強めに圧を入れポ
ンパージュ！
もう一度 お腹に円
を描く
カカトを交互に押しだす

21. 胸郭のドルフィング

背中や肩に違和感がある方・肩こり・呼吸が浅い方・集中力が続かない方

ポイント　①肋骨の間（肋間筋）　②胸骨リンパ節

コンディショニング　胸の真ん中の骨の上を、下から上にさすります。胸の真ん中から外に向かって、肋骨の間を、少し圧をかけながらポンパージュします。身体の後ろから、肋骨の間を下から上に向かって、身体の横まで、少し圧をかけながらポンパージュします。鎖骨の下を真ん中から外側に向かって少し圧をかけながらポンパージュします。息を吸うときにお腹をへこませ、胸を膨らませ、胸を動かす呼吸を何度か繰り返します。最後は大きく深呼吸をします。

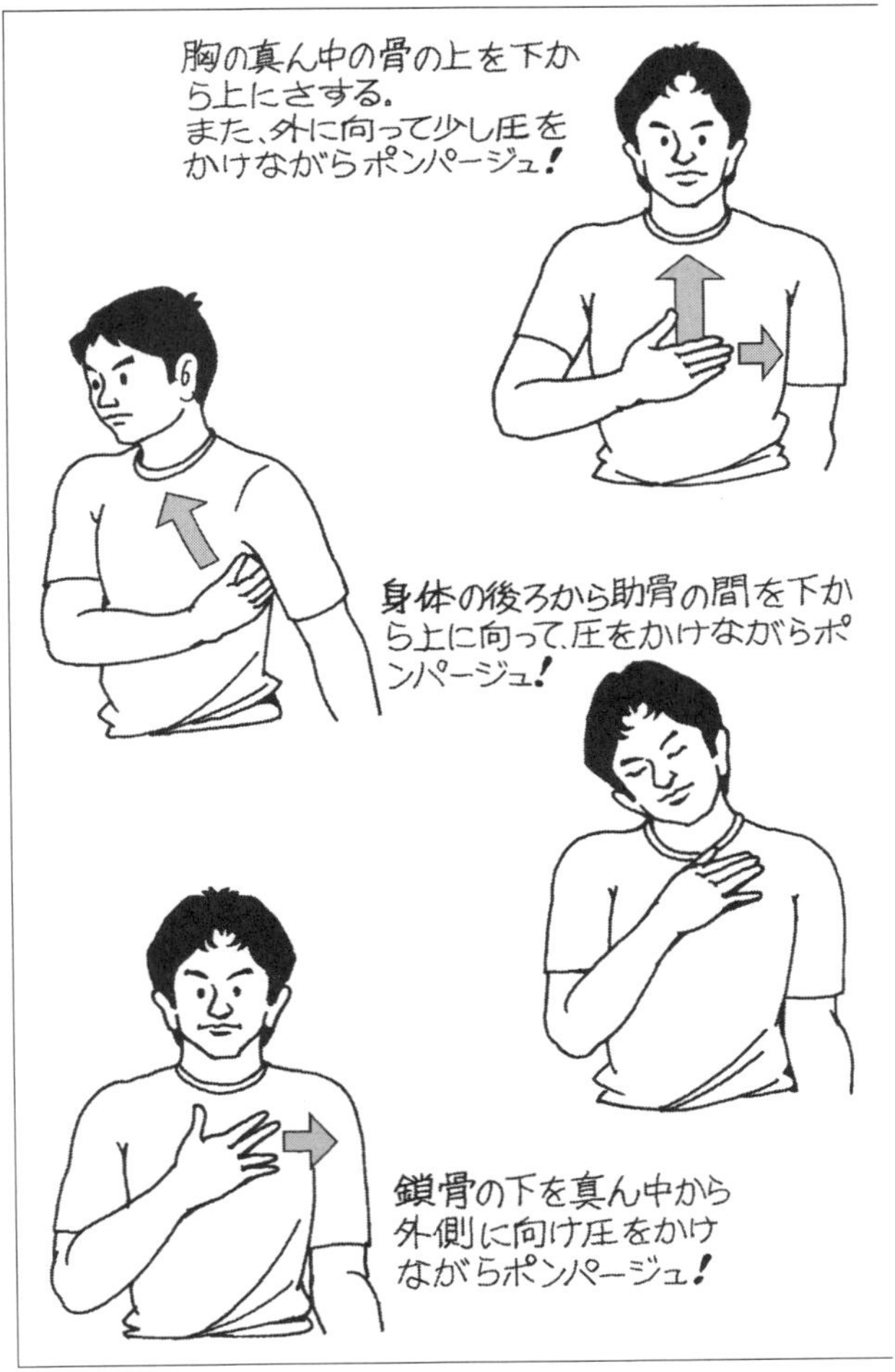
胸の真ん中の骨の上を下から上にさする。
また、外に向って少し圧をかけながらポンパージュ！
身体の後ろから助骨の間を下から上に向って、圧をかけながらポンパージュ！
鎖骨の下を真ん中から外側に向け圧をかけながらポンパージュ！

22．腋下リンパのドルフィング

腕や手首にだるさを感じる方・肩が上がりにくい方

ポイント　①腕の筋肉　②腋下リンパ節

コンディショニング　腕を手首から、肘、肩、腋に向かって丁寧にさすります。二の腕の柔らかいところは、とくに丁寧にさすります。背中から腋に向かいさすり上げます。腋下のコリコリしている場所に、指を3本当て、円を描くようにポンパージュします。最後は、そこに指で圧を入れたまま、肘で小さな円を描くように腕を後ろ回しします。

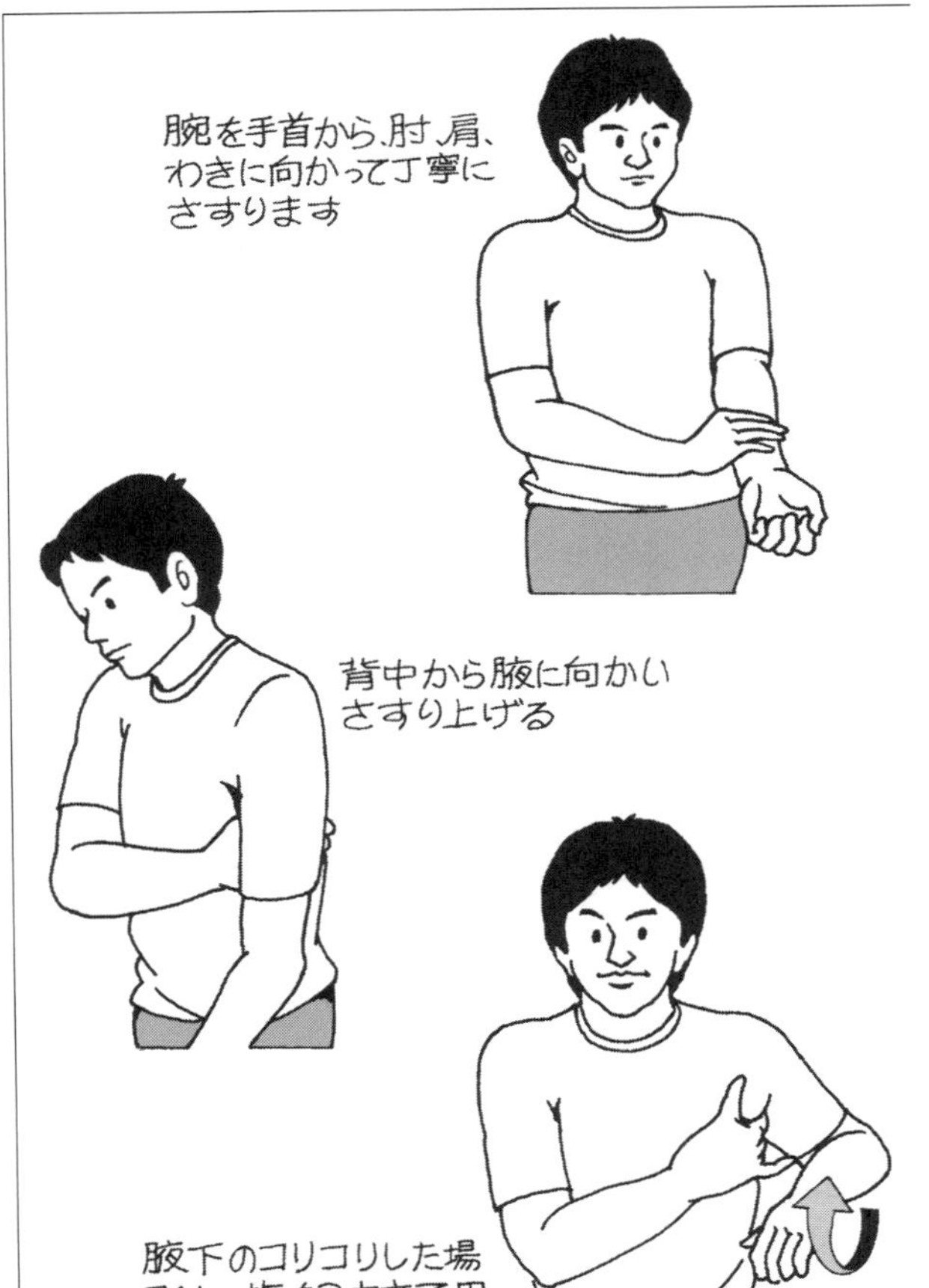
腕を手首から、肘、肩、
わきに向かって丁寧に
さすります
背中から腋に向かい
さすり上げる
腋下のコリコリした場
所に、指を3本立て、円
を描くようにポンパー
ジュ！

23. 鎖骨リンパ節のポンパージュ

肩こり・首のこり・顔がむくみやすい方・目が疲れる方

ポイント　①頸部リンパ節　②耳下リンパ節

コンディショニング　首の後ろを両手ではさみ、肩甲骨までの筋肉に少し圧をかけながらポンパージュします。次に同じ場所から、前に、鎖骨に向かって少し圧をかけながらポンパージュします。耳の下の、耳下リンパ節をポンパージュします。首全体を手のひらで、丁寧にさすります。手を首の後ろに回し首の骨の真ん中を触ります。手のひらで首の前をつつんでいる感じです。首を小さく「うんうん」とうなずき、「いやいや」と頭を左右に振ります。

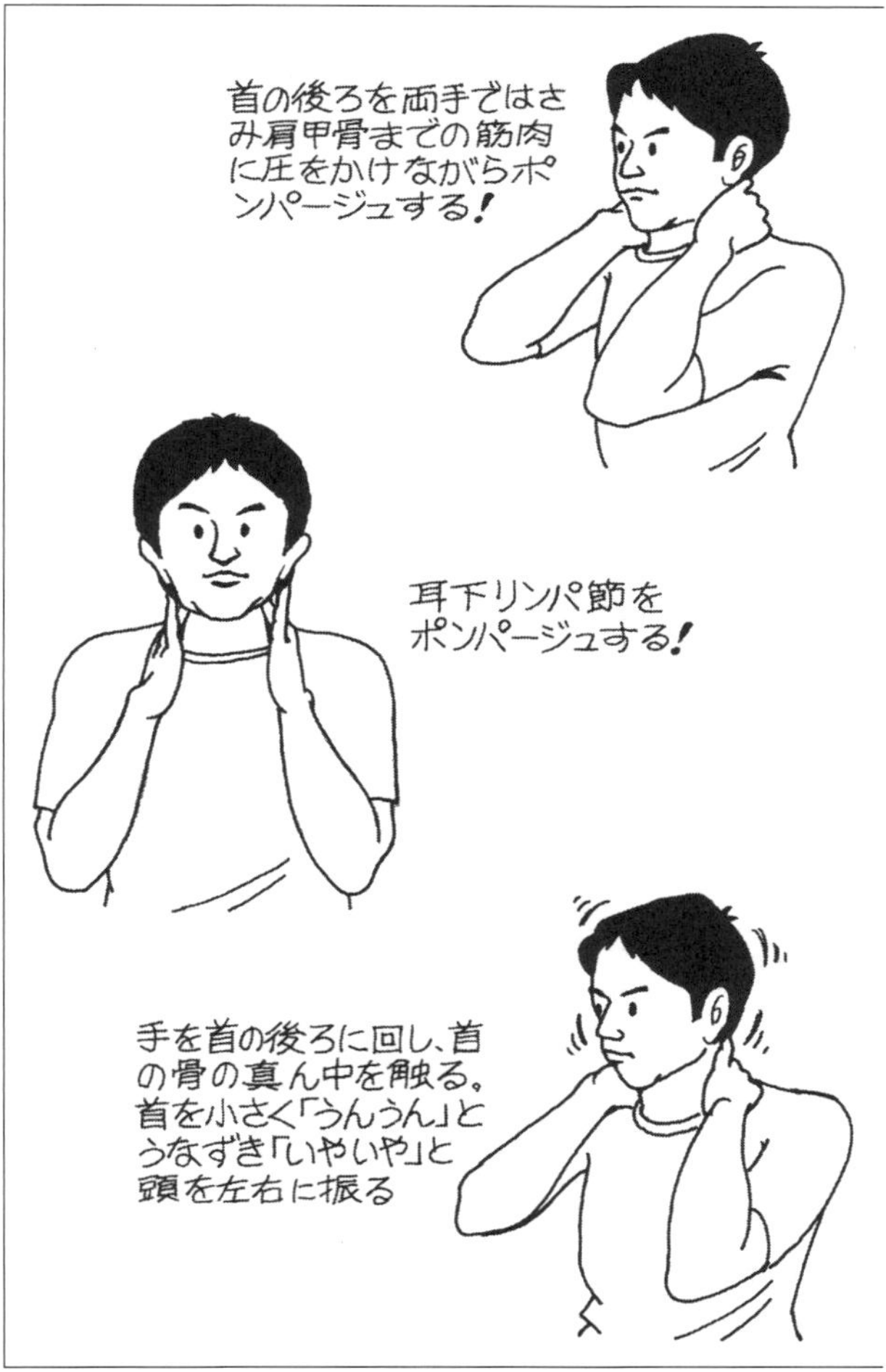
首の後ろを両手ではさみ肩甲骨までの筋肉に圧をかけながらポンパージュする！
耳下リンパ節をポンパージュする！
手を首の後ろに回し、首の骨の真ん中を触る。首を小さく「うんうん」とうなずき「いやいや」と頭を左右に振る

24. 鎖骨リンパ節のポンパージュ

肩こり・首のこり・呼吸が浅い方・腕の動きが悪い方・顔がむくみやすい方

ポイント ①鎖骨周り ②鎖骨リンパ節

コンディショニング 鎖骨を2本の指ではさんで真ん中から外側にさすります。鎖骨の内側を内から外に向けて、少し圧をかけながらポンパージュします。鎖骨内側3分の1の辺りのくぼみに、指を2本ほど押し込み、首を左右に倒します。最後は、もう一度鎖骨を2本の指ではさんで真ん中から外側にさすります。

※鎖骨リンパ節は静脈と合流する場所でもあり、むくみやすい方は最初に行ないましょう。また、最後の仕上げとして行なうのも効果的でしょう。

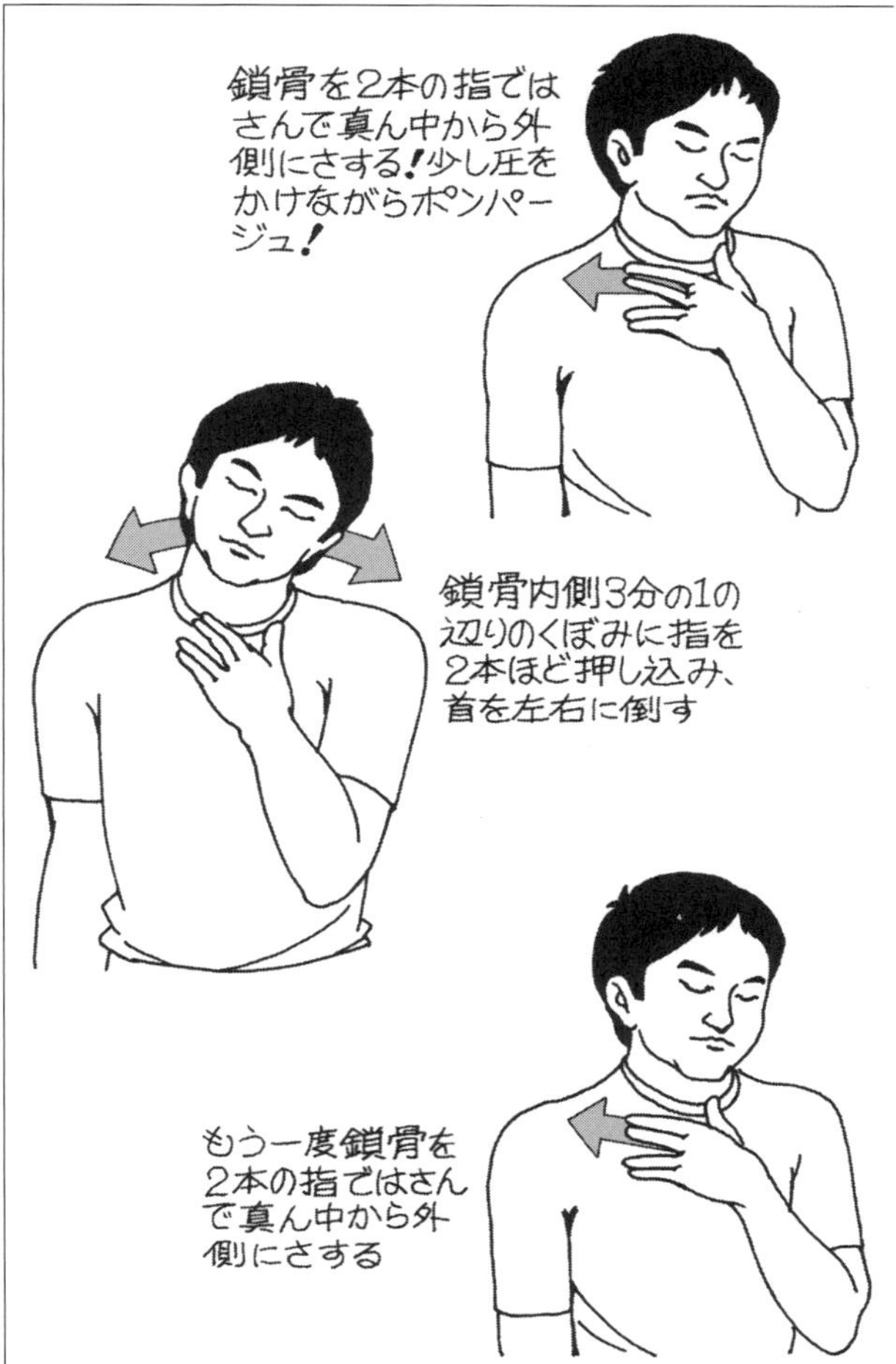
鎖骨を2本の指ではさんで真ん中から外側にさする!少し圧をかけながらポンパージュ!
鎖骨内側3分の1の辺りのくぼみに指を2本ほど押し込み、首を左右に倒す
もう一度鎖骨を2本の指ではさんで真ん中から外側にさする

第六章

コンディショニングの実際

†いよいよアクティブコンディショニングをスタート

これまでに、いかに姿勢が大切か、いかに効率よく筋力を発揮することが大切かという話を書いてきました。このことを体系づけて、多くの方々に簡単にやさしく伝えられたらいいなぁと、私が思うようになったのは、この方法を伝えた多くの方々の喜ぶ顔があったからです。

コンディショニングによって調子がよい状態を体感することで、日々の生活が意欲的で前向きになるものと信じています。

たった一瞬に選手生命をかけるスポーツマンは、その一瞬のために日々トレーニングを行ないます。しかし、トレーニングの成果を発揮するには、身体も心もよい状態に最終調整する必要があります。

企業で戦っている方々も、外出するにもためらいのある高齢者の方々も、〝そのとき〟のために調子を整えることは同じなのです。〝そのとき〟がいつであるかは、もちろん人によって違います。でも、〝そのとき〟に最高のパフォーマンスをしたいという思いは誰もが同じです。

朝の電車に乗ると、座っている人の多くは寝ています。電車を降りて改札口へ向かう人たちは、階段を避けていっせいに、エスカレーターに列をなします。カフェでの朝のコーヒーもため息混じり。顔色はどことなく暗く、眉間にしわをよせている。

そうした方々の姿をみていると、切なくなります。

あるおばあちゃんは、呼吸のコンディショニングを行なったら、洗濯が楽になった、自分のことはいつまでも自分でできる気になるといってくれました。

あるサラリーマンは、コンディショニングの後はやさしくなれる、他人から必要とされている気になるといっていました。

あるスポーツ選手は、コンディショニングすると勝てそうな気がするといっていました。もちろん勝ちました。

皆そのときどきに、自分を信じられている、自分の可能性を感じているのです。毎日の生活の中に、不快感や体調不良があると、そこに意識が向き、できることもできなくなります。

リセットコンディショニングでは元に戻すことに焦点を当ててきましたが、実はここからが大切なところです。

自分のもっている能力を発揮するには、使わなければならない機能をきちんと使い、ある一部分だけを使い過ぎることがないようにする、バランスが必要なのです。

そのトレーニングが「コアトレ」です。

これはアクティブコンディショニングの中の基本中の基本です。

「コア」とは核とか中心という意味があります。ここでいいたいコアは身体の中心、前述した四つの筋肉、インナーユニットのことであり、私たちの中心軸のことであり、身体の芯がしっかりしているという情緒的な感覚です。

そのきっかけが、呼吸です。

呼吸をイメージでき、呼吸をコントロールすることで、動作を変化させる、安定した姿勢を手に入れることが、このトレーニングの狙いです。その結果、動作時の無意識の呼吸が、意識した動作を行なわずとも身体を安定させてくれる、というところまでトレーニングを進化させたいのです。

アクティブコンディショニングは筋肉の再教育です。

そのスタートは、呼吸を思い出すコアトレです。

呼吸を思い出すだけで、私たちの能力は格段と上がります。

それではいよいよ、アクティブコンディショニングのスタートです。

呼吸のコンディショニングは横になった姿勢で行ないますが、ほかのどのアクティブコンディショニングも、この呼吸をプラスすることでインナーユニットに効果がでます。そのため、コアトレとしてのコンディショニングになります。

25．コアトレ「全呼吸」

フォーム　膝を三角に立て、膝の間はこぶし一つ程度開きます。爪先は前を向いています。背骨が床についていることを確かめます。手を胸部と腹部に置きます。

コンディショニング　息を吸ったときに、胸郭が膨らみ、腹部も膨らむように、呼吸を大きく行ないます。呼吸を繰り返しても、背骨が反ることがないようにします。

ポイント　これは胸郭が開き、腹横筋が働くためのトレーニングです。胸郭上部は前に、胸郭下部は横、お腹は横・前・後にも膨らみます。呼吸にかかわる筋肉の反応を引き出します。肩が上にあがったり、背中が浮いたりするのは、胸郭が硬くなっているからです。このときは呼吸の深さをコントロールして、注意深く息を吸い込み、注意深く息を吐くことを繰り返します。

※呼吸筋をうまく動かすためのウォーミングアップ的なトレーニングです。

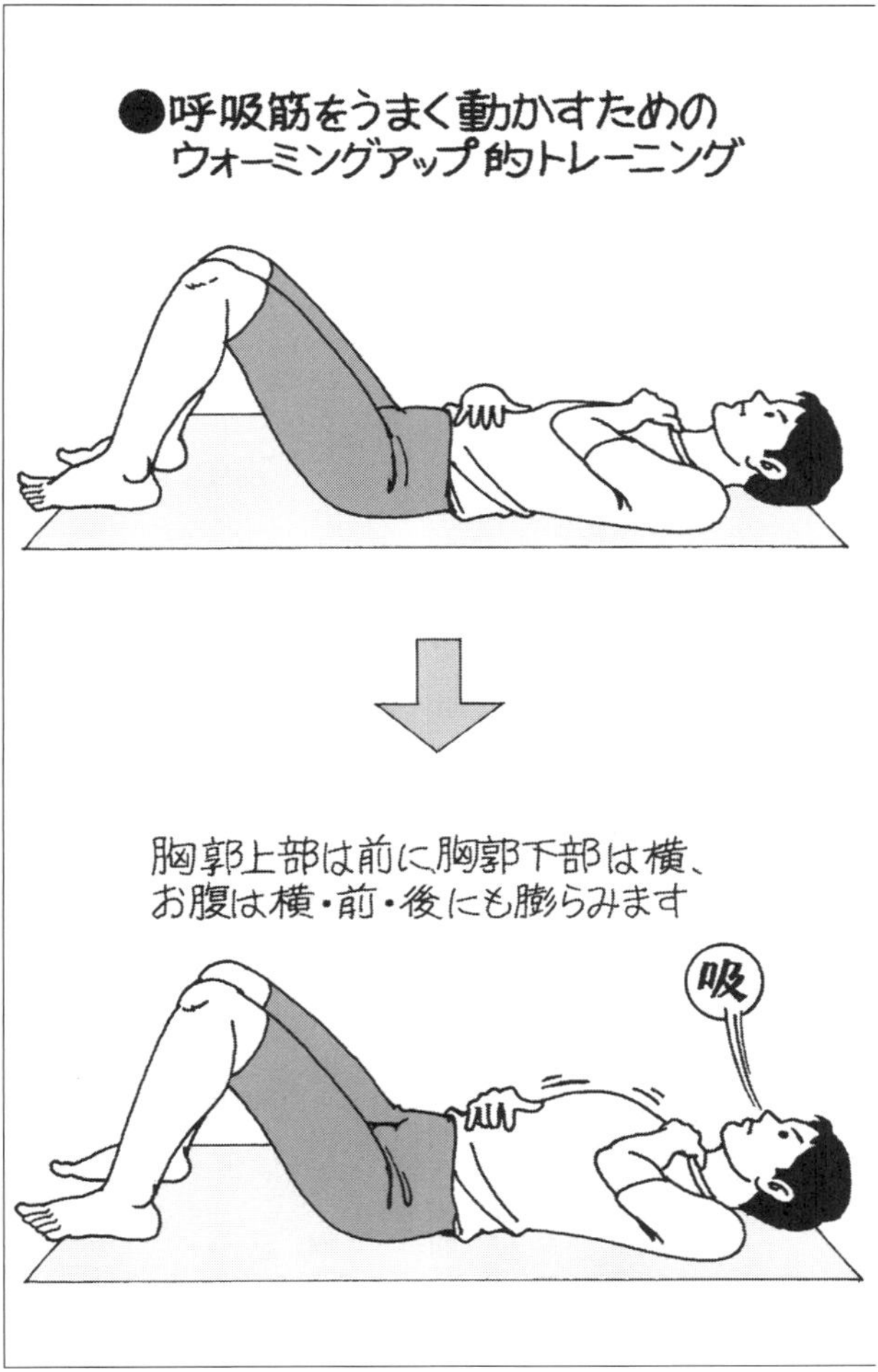
●呼吸筋をうまく動かすための
ウォーミングアップ的トレーニング
胸郭上部は前に、胸郭下部は横、
お腹は横・前・後にも膨らみます
吸

26. コアトレ「横隔膜・腹横筋の動きと連動をだす呼吸のトレーニング（腹式呼吸）」

フォーム 膝を三角に立て、膝の間はこぶし一つ程度開きます。爪先は前を向いています。背骨が床についていることを確かめます。肋骨下部を横から押さえ、息を吐き、肋骨が沈んだ状態をつくります。これは肋間筋下部の働きを引き出す、胸郭下部が横に広がるように働くための準備です。

コンディショニング 肋骨を沈めた状態（息を吐いた状態）から、息を吸うときに肋骨下部とお腹を横に広げるようにイメージします。横に走っている帯のような腹横筋が横に伸びて、広がるイメージをもちましょう。

ポイント 胸郭が上に広がらないようにしています。これは横隔膜の上下動と腹横筋の連動の働きを最大限に引き出す呼吸のトレーニングです。胸郭の働きが鈍っている場合はこの反応が起きません。肋骨を動かさないような意識で腹横筋の動きにだけ集中して、お腹を横に広げる意識を獲得します。

助骨を沈めた状態
(息を吐いた状態)
イメージ
息を吸うときに助骨下部とお腹を横に広げるように!
腹横筋が横に伸びて、広がるように!

27．コアトレ「胸郭の動きをだす呼吸のトレーニング（逆腹式呼吸）」

フォーム　膝を三角に立て、膝の間はこぶし一つ程度開きます。爪先は前を向いています。背骨が床についていることを確かめます。手を胸部に置きます。

コンディショニング　息を吸い込むときにお腹がへこみ、胸が広がるような呼吸を行ないます。お腹をへこませて、息を胸に吸い込むような意識です。

ポイント　胸郭が上にも横にも広がる意識です。胸郭を柔らかくすることが目的です。どうしても胸郭の動きの悪い方は、21番をもう一度行ないます。

※胸郭の動きが悪いと横隔膜の動きも悪くなります。呼吸の浅い方に最適です。

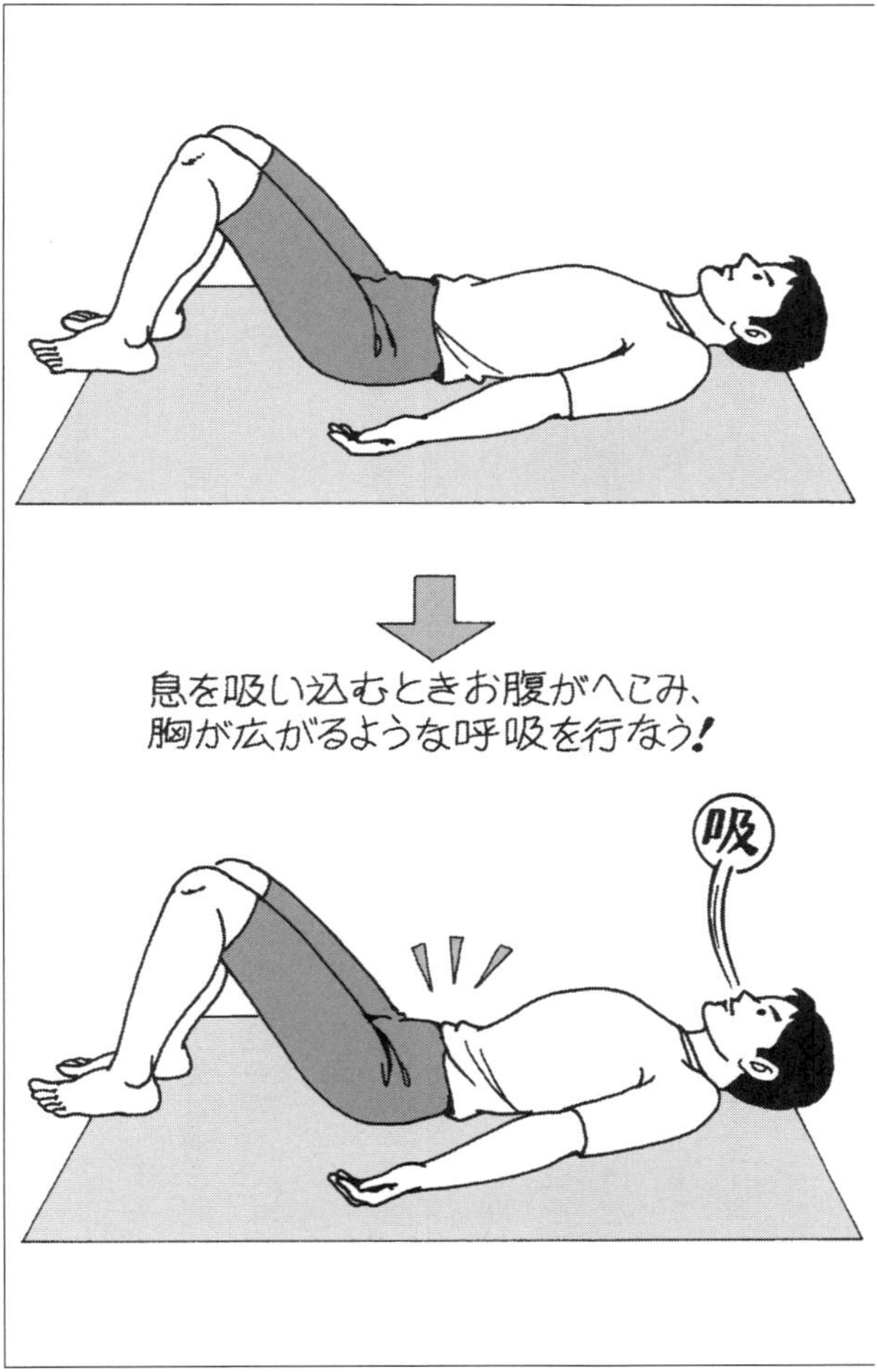
息を吸い込むときお腹がへこみ、
胸が広がるような呼吸を行なう!
吸

28．コアトレ「腹横筋を目覚めさせる強制呼気」

フォーム　膝を三角に立て、膝の間はこぶし一つ程度開きます。爪先は前を向いています。背骨が床についていることを確かめます。肋骨と腹部横に手を当てます。肋骨の沈んだ状態をつくります。

コンディショニング　強制的に少しだけ息を吐き、腹横筋を縮めるように、ウエストを少し縮める。おへそを少し奥にしまう感覚で息を「はっ、はっ」と吐きます。

ポイント　腹横筋の反応を引き出します。口をとがらせるのではなく、喉を開けてお腹から息を吐くようなイメージです。あまりお腹をへこませるような意識をすると、腹直筋や内腹斜筋という余計な筋肉が働き過ぎます。お腹がへこむのではなく、おへそが少し下がって、横腹、ウエストがサイズダウンするように意識します。

※腹横筋の働きを取り戻すために強制的に息を吐き、収縮を意識するトレーニング。

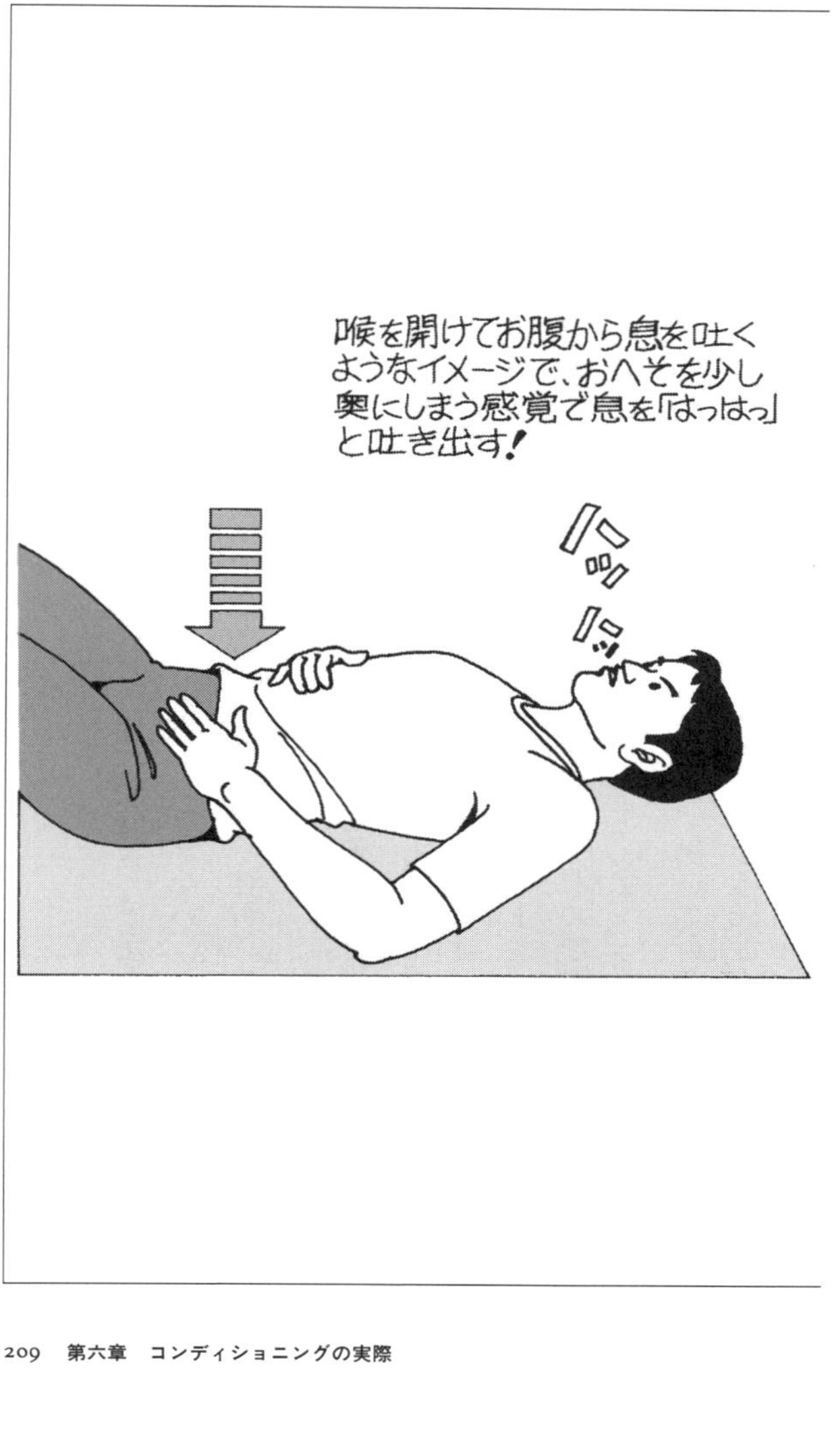
喉を開けてお腹から息を吐くようなイメージで、おへそを少し奥にしまう感覚で息を「はっはっ」と吐き出す！
ハッ
ハッ

†アクティブコンディショニングとは

ここからのコンディショニングは身体の中心に軸を感じる、手足を動かしたときに安定する、身体がぐらつかない感じ、動きが大きくなっても力まない、そんなイメージをつくります。動作を起こすときには、腹圧が適度にキープされ、体幹の安定をはかるのです。このことが自然と起きてくるのが理想的です。

アクティブコンディショニングに共通のポイントは、体幹部分を固める意識をもたず、いい姿勢をイメージすることです。そうすることで、動作しようとするときに、自然と適度な腹圧が入るのです。その結果、体幹部分やその安定化筋たちは、身体を安定させるという本来の働きをし、動作する筋肉は自在に動けるようになります。

動かすスピードは、ゆっくり過ぎず早過ぎず、ご自身のペースで構いません。体幹が安定すると、どんなスピードでもできるようになります。ぐらついたり、力みが入ったり、背中が反ったりするのは腹圧が不安定で、深層筋がうまく働いていないからです。

赤ちゃんの首がすわり、ハイハイして、あんよする過程では、こうした動きの獲得を経ています。動作一つ一つの感覚を楽しんでみてください。

軸
体幹の安定

29. 軸回旋と骨盤の動きの連動をはかる

フォーム　脚を伸ばして横になります。脚幅は腰幅、腰骨のでっぱりと、膝が一直線です。両腕は床に預けます。身体をリラックスします（脱力）。腕を伸ばし、身体の前、真ん中で手を合わせます。

コンディショニング　骨盤の上下の動きと軸の回旋の連動を再教育です。合わせた手が反対側の肩口にくる程度に身体を中心からひねります。その際に踵を押し出します。このとき爪先の力は抜いておきます。息は吐きながら行ないます。視線は指先をみます。センターに戻し、息を吸い、反対に同じ動作を行ないます。

ポイント　脊柱が柔らかく動いているイメージです。手を動かし、踵を押し出しても真ん中は変わりません。頸部に、腰部に緊張が走らず、柔らかく動く感覚を身につけましょう。

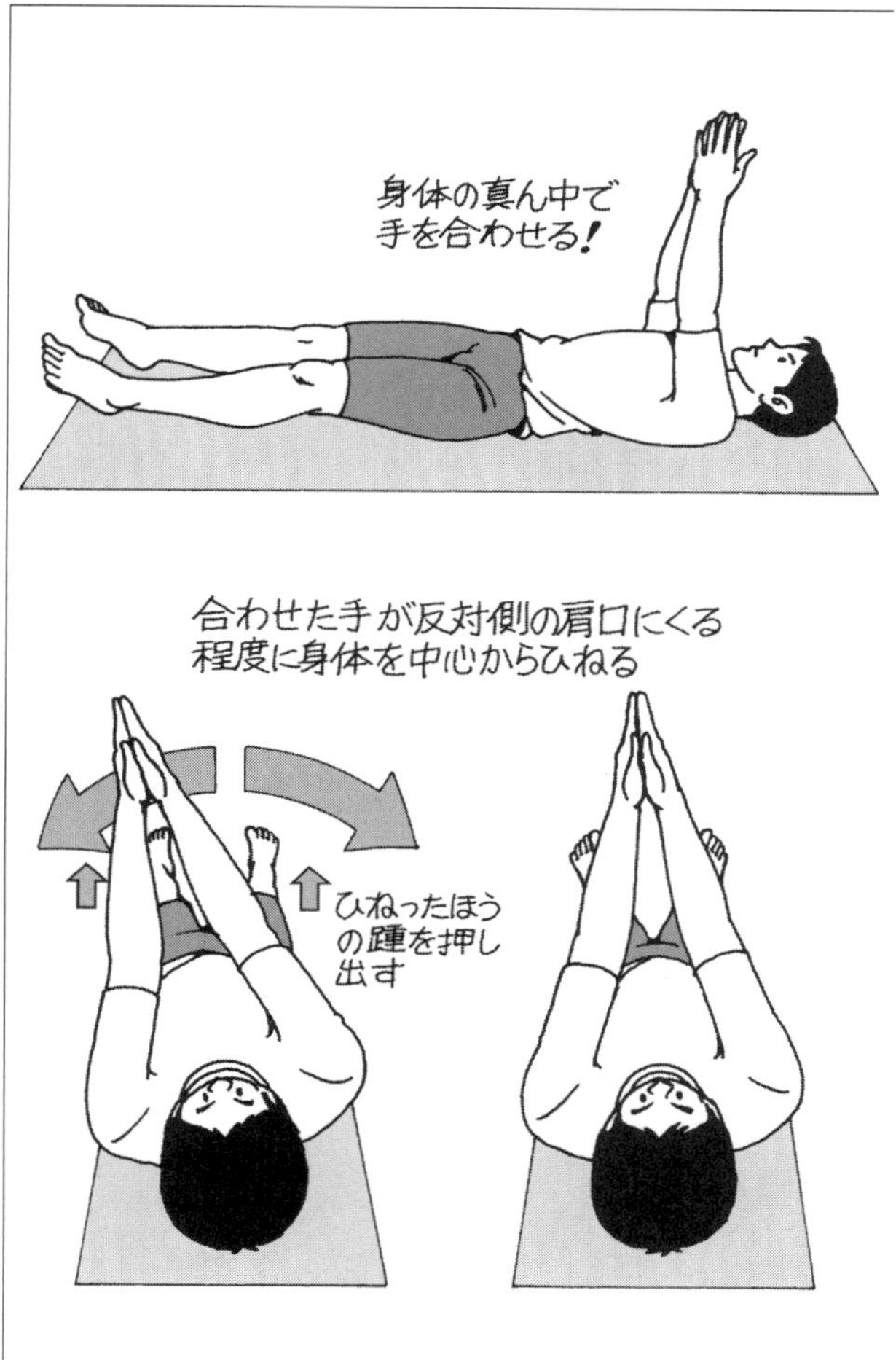
身体の真ん中で
手を合わせる！
合わせた手が反対側の肩口にくる
程度に身体を中心からひねる
ひねったほう
の踵を押し
出す

30. 座して骨盤と軸回旋の連動をはかる

フォーム　脚を伸ばして座ります。膝が曲がる方はタオルを入れます。足先人差し指と、膝の真ん中、腰骨のでっぱりが一直線になります。坐骨に座るように、背筋は伸ばす意識で腹圧を入れましょう。手は腿に自然に預けます。

コンディショニング　骨盤の回旋と軸の回旋の連動を再教育です。踵を交互に押し出します。踵の動きと骨盤が連動して、骨盤が前後に動きます。骨盤を前後に動かす意識でなく、踵を小さく押し出したらそれにつられて骨盤が動くように行ないます。それにつられて、脊柱が回旋し、肩が回旋します。呼吸は自然呼吸です。

ポイント　脚・骨盤・脊柱が柔らかく動いているイメージです。お尻を持ち上げず、する感覚です。踵を押し出しても身体の真ん中は変わらず、1本の軸を中心に身体が半身ずつ回旋しているイメージです。背中を伸ばしたり丸めたりすることで、動いている背骨が変わり、動いている筋肉も変わります。

※背中が丸くなり脚を伸ばして座れない方は、背骨リセットを日課にしてください。

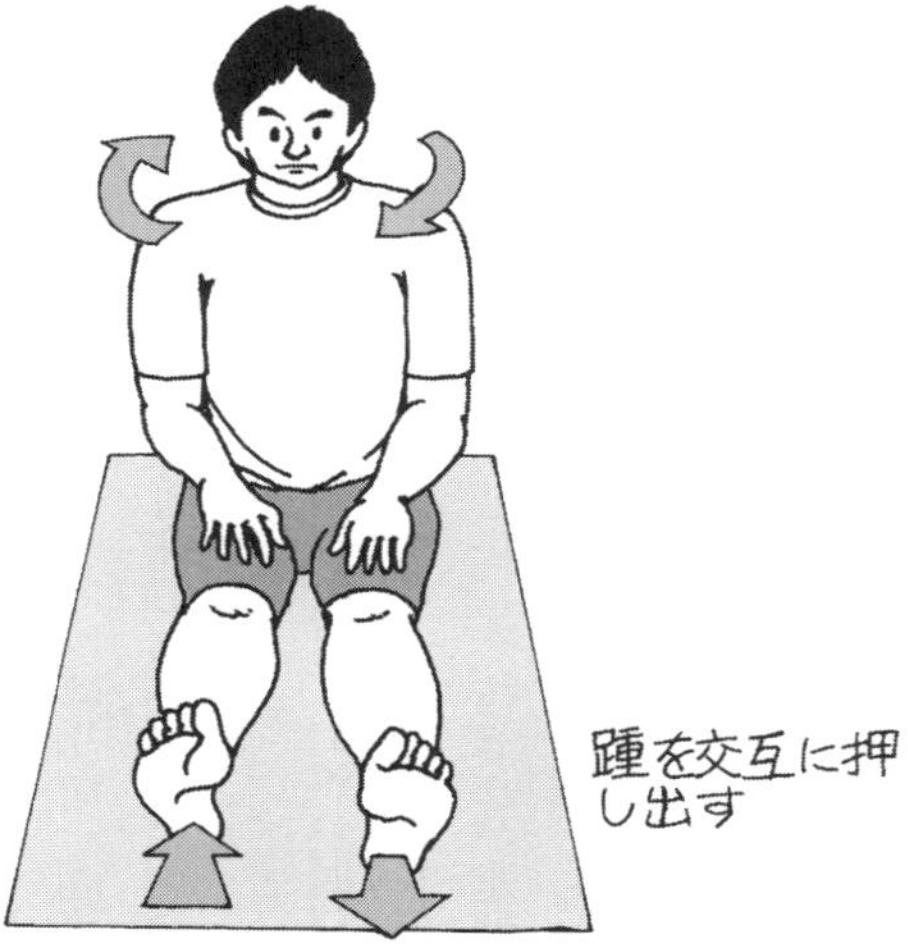
踵を交互に押し出す

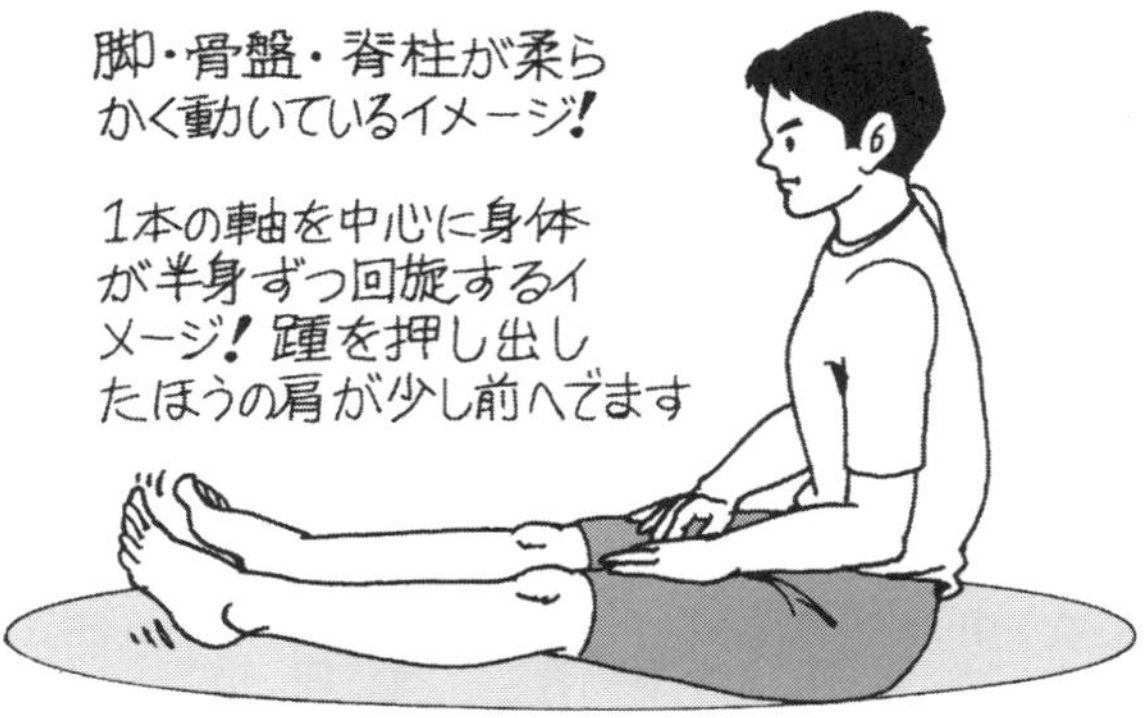
脚・骨盤・脊柱が柔らかく動いているイメージ!
1本の軸を中心に身体が半身ずつ回旋するイメージ! 踵を押し出したほうの肩が少し前へでます

31．座して骨盤と上体回旋との連動をはかる

フォーム　脚を伸ばして座ります。膝が曲がる方はタオルを入れます。足先人差し指と、膝の真ん中、腰骨のでっぱりが一直線になります。坐骨に座るように背筋は伸ばす意識で腹圧を入れましょう。腕は胸の高さに上げ、伸ばし、中心で手を合わせておきます。

コンディショニング　骨盤の回旋と上体の回旋の連動を再教育です。合わせた手を、爪先の方向に回旋させます。と同時に踵を前に押し出します。腕が胸椎の回旋を、踵が骨盤の回旋を引き出し、それぞれが連動して動きます。歩行のときの身体使いに大きく影響します。呼吸は自然呼吸です。

ポイント　脚・骨盤・脊柱が柔らかく動いているイメージです。腕を動かしても、肩の高さは変わらず、指先も合わせたままです。脚・腕を動かしても身体の真ん中は変わらず、１本の軸を中心に身体が半身ずつ回旋しているイメージです。余分な力が抜け、身体がすっと回るイメージをもちましょう。

※背中が丸くなり脚を伸ばして座れない方は、背骨リセットを日課にしてください。

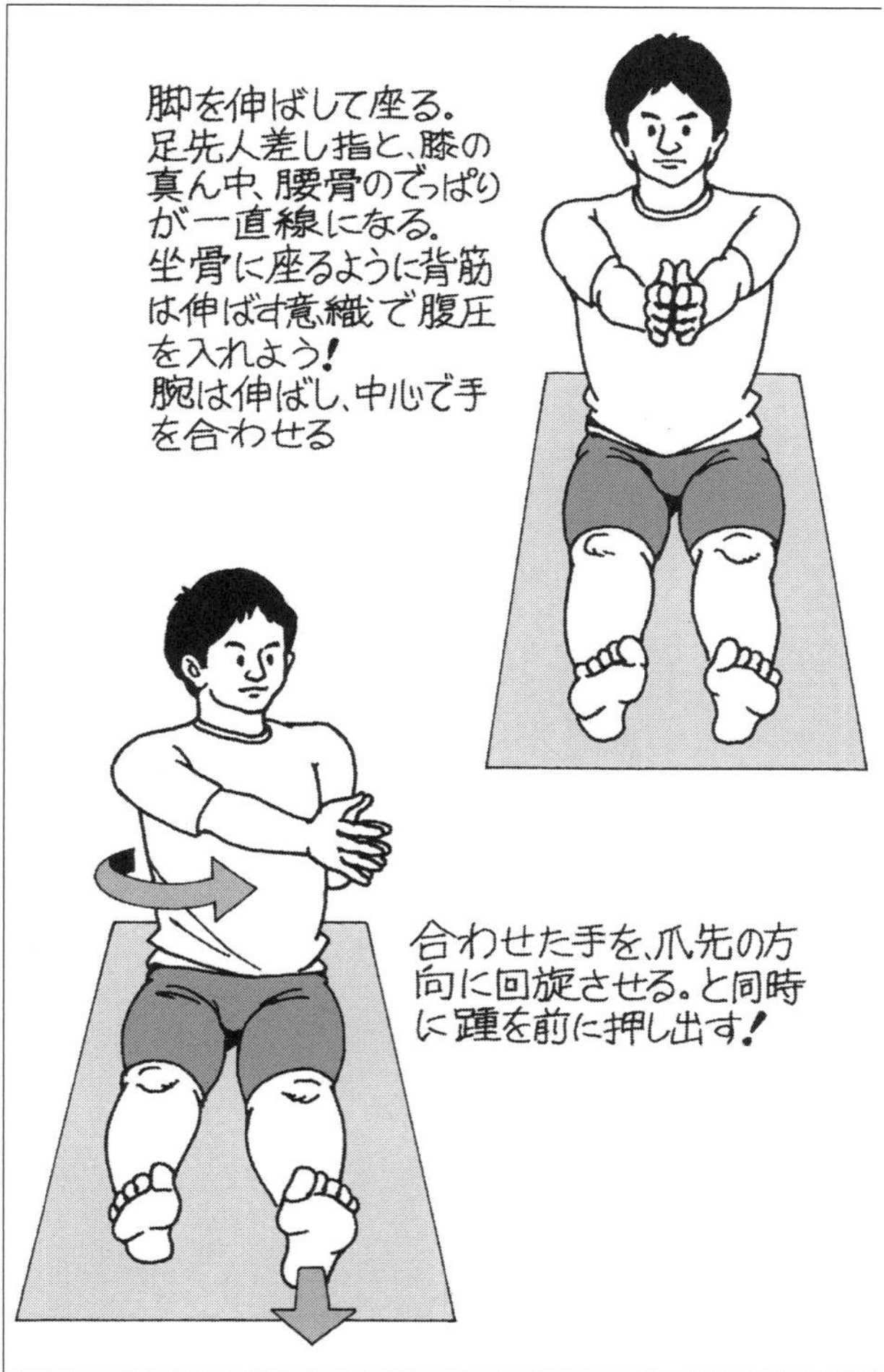
脚を伸ばして座る。
足先人差し指と、膝の
真ん中、腰骨のでっぱり
が一直線になる。
坐骨に座るように背筋
は伸ばす意識で腹圧
を入れよう！
腕は伸ばし、中心で手
を合わせる
合わせた手を、爪先の方
向に回旋させる。と同時
に踵を前に押し出す！

32. 立ち上がる前の足首・膝・股関節・骨盤・脊柱の連動

フォーム　膝をついて爪先を折り、足首を立たせます。このときの骨配列が重要になります。爪先は正面・人差し指からでた線は、膝の中央の線と重なります。膝の真ん中の線は腰骨と重なります。それが整ったら、ゆっくりと踵に坐骨を下ろします。手は腿の上にそっと添えます。

コンディショニング　作法動作の基本でもある膝立ちです。頭を中央に置いたまま重心を右踵・左踵とずらします。背骨が左右に小さく側屈する感覚です。

ポイント　足幅・膝幅は変わりません。爪先の折れない方、足の指が床に全部つかない方は、再度足の骨格のリセットを行ないましょう。腹圧を入れ、武士になったようなイメージで行ないます。

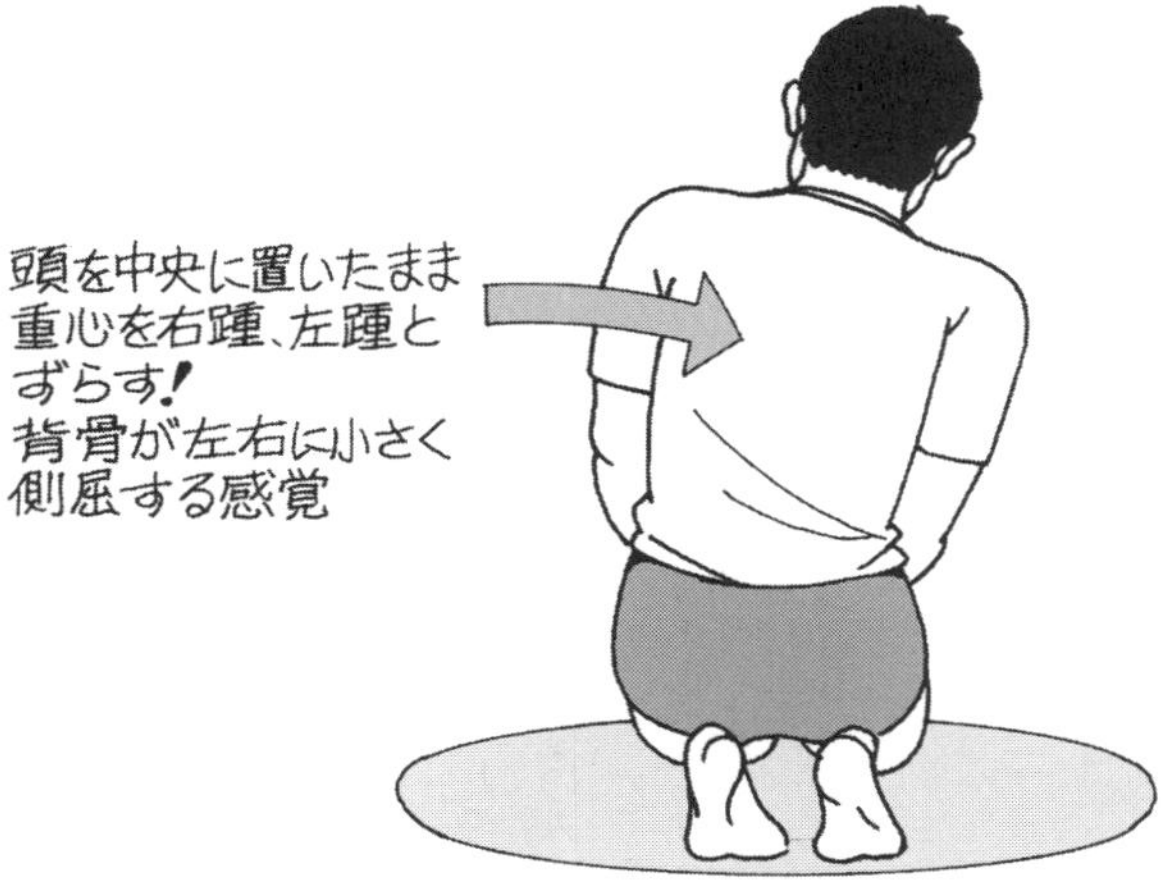
頭を中央に置いたまま
重心を右踵、左踵と
ずらす!
背骨が左右に小さく
側屈する感覚

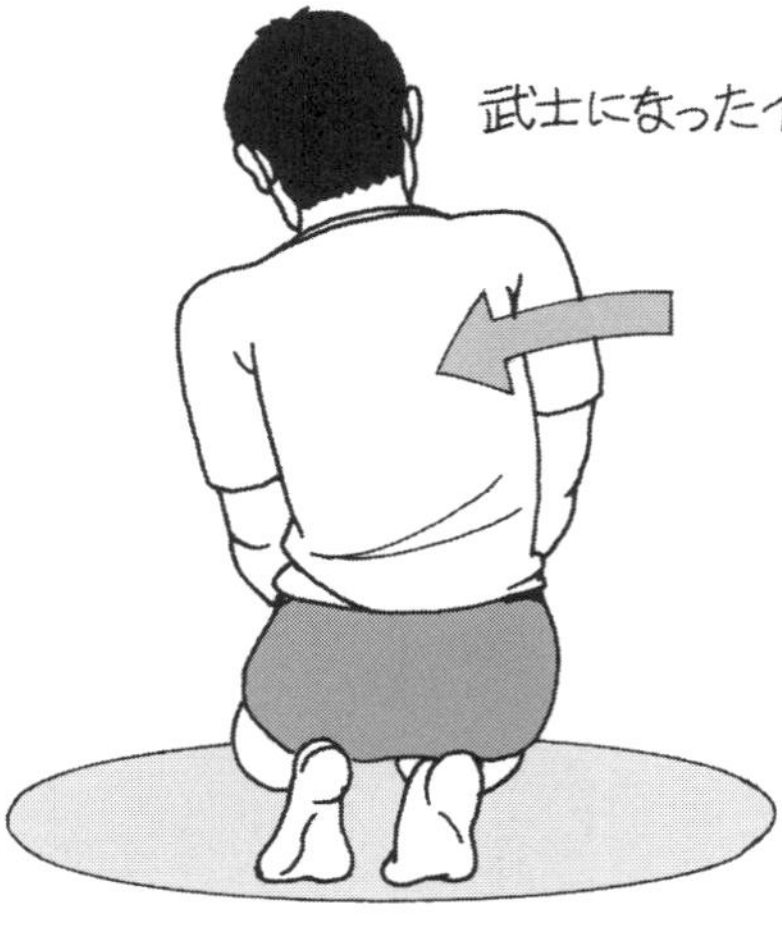
武士になったイメージを!

33. 脚と骨盤の連動と軸の確立

フォーム　いよいよ立ちます。足は腰幅です。腰骨のでっぱりの真下に膝の真ん中がきます。その延長に人差し指です。爪先は真っ直ぐに前を向いています。指の付け根辺りと、踵の真ん中に重心がのっている感覚です。

コンディショニング　腰骨の上に手でLの字をつくり、当てます。片方の踵を、膝を伸ばしたまま、持ち上げます。骨盤のみが上に上がり、軸は真ん中にあるままです。交互にリズミカルに動かしましょう。踵を上げるときに息を吐きましょう。

ポイント　中心軸を意識します。肩の高さ・頭の位置は変わりません。踵を上げたときに指が折れ曲がり、少し内側に重心が移動します。

腰骨の上に手でL字をつくり、当てる
片方の踵を、膝を伸ばしたまま持ち上げる
骨盤のみが上に上がり、軸は真ん中のまま！
交互にリズミカルに動かす
踵を上げるときは息を吐く

34. 足裏・足首・膝・股関節・骨盤の連動

フォーム 足は腰幅です。腰骨のでっぱりの真下に膝の真ん中がきます。その延長に人差し指です。爪先は真っ直ぐに前を向いています。指の付け根辺りと、踵の真ん中に重心がのっている感覚です。手はお尻を触るくらいの位置に置き、肘は少し曲げ、真後ろに向け、胸を少し張った感じでスタンバイです。

コンディショニング 指先を折り曲げるように、爪先に体重をかけ、膝を曲げます。その場足踏みのように、交互に入れ替えます（爪先は上げません）。身体の軸が上下に動くことを意識します。

ポイント 中心軸を意識します。軸が左右にぶれないように爪先に体重をのせます。踵を上げたときに指が折れ曲がり、拇指球に重心が移動します。

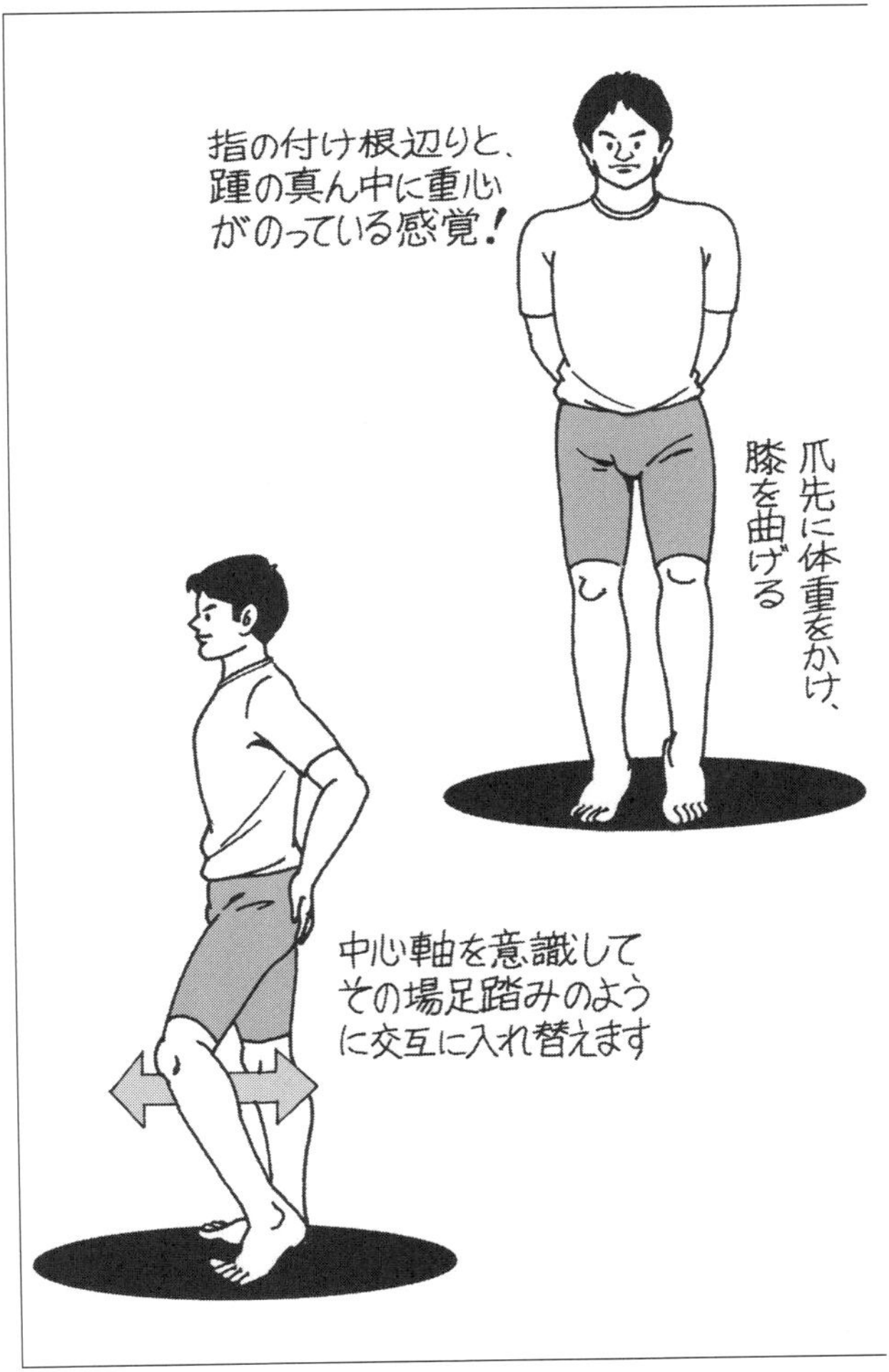
指の付け根辺りと、
踵の真ん中に重心
がのっている感覚！
爪先に体重をかけ、
膝を曲げる
中心軸を意識して
その場足踏みのよう
に交互に入れ替えます

第七章

体調別お勧めコンディショニングは、これ！

†忙しくてできない？

ここまででコンディショニングの全体像をみてきました。全部を体験して、自分に合ったものを探していただきたいのですが、「忙しくてそんなことはできない」という、あなたの声が聞こえそうです……。

本当は、コンディショニングというものを、少しずつ実行して、身体で理解していただきたい、体感していただきたいと思うのですが、そんなことよりもまず「よい気持ち」になっていただき、自分の可能性を広げてほしいとも思います。そして、自分の体調を自己改善しているという思いをもってほしいのです。

私は心と身体はつながっていると思っています。ですから、自分のいい状態のためになにかを続けているという心理は、必ず身体の反応にあらわれます。

反対に、あきらめたり、続かなかったという「不達成感」は、あなたの可能性を狭めてしまいます。なにかをはじめるときには、どこが到達点なのか、どんな状況になることが終点なのかを決めておくことが大切です。

目標設定をイメージする、現状認識から到達点を決めることが大切です。現状を事実として受け止める能力〈リアリティー〉からある働きかけによってえられる望ましい結果〈エフェクト〉へ、お仕事ではこれをやってのけているあなたは、自分のことも同じように捉えてほしいのです。

私はよくビジネスマンを対象にした講演を頼まれます。「健康や体調改善は、セルフマネージメントの原点です」とお伝えします。自分の身体さえマネージメントできないということは、本当に他人や組織をマネージメントできているのかと疑問を投げかけます。

多くの方はうなずきながらも苦笑されています。

そうですよね。だってそんなことは誰からも学んだことはない。自分の身体や心とは、なんとなく付き合ってきていて、本当の病気になれば病院へいくし、不調ならば対処療法的に、その場しのぎでごまかしてきたのですから。

でも、あなたの潜在能力の開発や、あなたの最高のパフォーマンスは、「自分をどれだけ信じられるか」「自分をどれだけ愛おしく感じるか」で決まるのではないでしょうか？

それは「自分の身体にどれだけ心を砕き、時間をかけているか」です。

あなたのいまの心身の状態は、いままでのあなたがつくってきたものです。運命でも神様でもない、あなた自身がつくっていることを知ってください。

そして我慢の美徳や、根性論的な発想は、別のところで使って、自分の身体には毎日少しでいいので、愛情をかけてください。正しい愛情のかけ方は、私がお教えします。

最後に症状別、体調別の改善系トレーニングをまとめておきます。

矢印（↓）の後の数字は、本書でご紹介したトレーニングの通番です。もちろん、いくつかのコンディショニングを行ない、自分が「快」と思うものをピックアップしてください。それが、あなたにあったコンディショニング方法です。

†肩こりで集中力が切れてしまう方

肩こりの原因はさまざまです。慢性的な肩こりの多くは不良姿勢が主な原因です。同じ姿勢での連続作業、パソコン作業がその代表でしょう。目の疲れも原因であることが多いようです。

肩こりで気をつけていただきたいことがあります。左側だけこる、それもときどき、左半身上部にチクチクするような痛みがある場合です。これは一度病院にいき、心臓系の検査をした方がよい痛みです。

慢性的な肩こりに悩まされている方で、冷えると症状が悪化して手や首などの痺れみたいな感覚になる方は、冷やさずに、首や肩甲骨の間をカイロなどで暖めるとよいでしょう。

また肩や首が重だるい症状の場合は、お風呂にきちんとつかって汗をだしてください。肩がカチカチに硬く、マッサージなどにいって「強圧《つよお》し」を好まれるような方は、その部位を温めた後、リセットコンディショニングのドルフィングを行なって柔らかくすることが大切です。強圧しは、そのときの気分的な満足だけでしかなくて、改善にはならないことが多いようです。

・肩が痛くて集中力が切れそうなとき↓1・2・5
・冷えると症状が悪化して手や首などの痺れみたいな感覚になる方↓10・11
・肩がカチカチに硬い、重だるい方↓23・24
・肩こりの方に共通して行なってほしいのは、お風呂上り、寝る前に↓2・11

†腰痛が体質だとあきらめている方

腰痛の原因もさまざまです。激痛がときどき襲ってくるならば、病院へいきましょう。慢性的な腰痛ならば、なんとか改善したいですよね。

まずは腰痛もちの方は60分に1回、3分でいいですから歩いてください。オフィスをのろのろでもよいです。ずっと座った姿勢が腰痛にはいちばんよくないようです。また腰がだるいからと、背中を反らせる方や腰回し、脚回しをする方をみかけますが、あまりよいことではありません。背骨が動いていないので、血行不良が起こり、動かしたくなるのです。その気持ちは分かりますが、腰は身体全体の「要」です。丁寧にあつかってあげましょう。

慢性腰痛の方に多くみられるのは、腹圧が入っていない、入りにくいということです。背中の緊張がとれにくいのです。徹底的に腹圧を入れるコンディショニングを行なうことをお勧めします。

・オフィスで腰が重いとき↓26・28・(椅子に座ったまま)30
・痛みがでたとき↓13・30
・朝起きたときに布団の中で↓1・2・3・4
・お風呂上り、寝る前に↓3・4・13・26・28

†朝起きて倦怠感・疲労が残り、午前中は苦手な方

起床時に疲労が残っている、午前中が苦手という方は、老廃物が流れていない方です。

便や尿の調子がいま一つです。下痢でも、便秘でも、だるさは残りますし、多尿・少尿でも同じです。

呼吸も浅く、電車などに乗って少し気温が上がると、汗がでます。疲れると微熱っぽくなったりする傾向があります。こういう方は老廃物を外にだし、できるだけ早く寝ることをお勧めしたいです。

この状態は内臓機能が低下している信号です。良質のたんぱく質と野菜を十分摂ることが大切です。

朝は朝食をガッツリ食べるよりも、おかゆや、野菜や果物のジュースのような、内臓に負担をかけない食べものがよいでしょう。エネルギーは補給されていますので大丈夫です。だるいから、眠気が覚めないからと、カフェイン入りの飲みものをたくさん摂るのは、無理やり内臓や頭を興奮させることになり、マイナスの積み重ねです。仕事の割り振りを午後にもってきて、午前中はエンジンがかかるまで、単純な業務を行ないましょう。

・朝起きたときに↓20・21・25
・午前中オフィスで↓10・12・33
・お風呂上り、寝る前に↓17〜24

†些細なことでイライラ、怒りで損をしている方

イライラした状態にご本人が気づかれていることが、まずあなたを冷静に導いてくれるでしょう。自分の性分だから仕方がないと思っているかもしれませんが、「疳《かん》の虫」という言葉があるように、実は身体の不調がこんな気分にさせている場合があります。目が充血しやすかったり、耳鳴りがしたり、コリやハリ、身体が硬いなんていう特徴はありませんか？　または、お腹がすくとイライラしたり、旅先で便意を催さないことがありませんか？

これは身体の中の老廃物をスムーズに流すという機能が衰えているのです。いつも足がだるいのも、こういう方の特徴です。

ですから脚部からスムーズに流すということを行なうことでずいぶんと改善されます。

・朝起きたとき↓7・8・9
・イライラしたら↓21・26・27
・お風呂上り、寝る前に↓17・18・19・20

✝心配ごとが多く、猫背気味、いつもため息をついている方

心配性な方の特徴としては、胸郭が狭いというか、猫背気味、頭が前にでているような姿勢の方が多いようです。

また身体的な症状には、むくみやすい、お腹が張る、食後の胃のもたれ、口臭などがある方が多いようです。さらに、このような方は、首が疲れやすく、手足に力が入りづらいようです。簡単にいうと疲れやすい方々です。

疲労困憊まで自分を追い込むというよりも、ストレスから過食をして、食べるとすぐに眠くなり、寝てしまいます。このような方は、食べ過ぎに注意しなければ、さまざまな症状がでてきます。肥満する人もいれば、太れない人もいます。

まず、食事は腹八分で抑えること。そして、深く呼吸する習慣を身につけることが、いちばんです。

・朝起きたとき↓26・27・28
・憂鬱になったとき↓27・28
・お風呂上り、寝る前に↓10、21、23、24

†お腹をへこめたい方は「代謝促進」を

メタボリック症候群といわれる多くの方は、食事制限と、有酸素運動を薦められるはずです。処方はその通りなのですが、時間がない、無理だとあきらめている方が多いように思います。

まずは、できることからはじめましょう。食べ過ぎ傾向で太り気味、血液どろどろ傾向の方々です。そういう方は、お腹がでていて、関節が詰まり気味で、行動が緩慢になっていますから、背中が疲れています。

さぁ、できることはたくさんあります。

少しずつの積み重ねが、あなたのお腹をへこませてくれ、エネルギーをじょうずに使える身体にしてくれますよ。3分でいいです。いえいえ、1分でも構いません。

本書を読んだからには、もう時間がないなんていわせません。

・朝起きたらお布団の中で↓7・8・9
・電車、駅のホームで↓33（ここではきれいに立つだけでもいいので、気を入れて）
・午前中にオフィスで↓33

・午後にオフィスで↓34
・お風呂上り、寝る前に↓14・15・16・20
・代謝アップに（TVをみながら）↓29・31・32

†夜中や朝方に目が覚める、眠りが浅い方々

最近多くの方々から聞く、睡眠障害。それが何か月も続いたり、昼間の業務に支障のある方は病院へいくことをお勧めします。最近は睡眠クリニックもあるようです。

この症状を訴える方の多くは、背中と胸郭が硬い、呼吸が浅いという特徴があります。また、考えがまとまらない、四肢に力が入らない、だるい、動悸を感じる、些細なことでびっくりするなどといった症状があります。さらに、しゃべっていて突然声のトーンが変わるなどの特徴もあります。

このような方は、寝る前のしばしの時間をご自身の身体にとって、とっておきの時間にしましょう。好きな音楽を聴く、好きなお香をたくなど「眠るための環境」を整えます。できるだけ明かりを落とした中で過ごすのです。

2週間くらい続けると眠りの質が変わったことに気づくはずです。

寝る環境も大切です。寝具の見直しは絶対条件です。

・オフィスで↓5・6・21・22
・お風呂の中で↓9
・夜寝る前に↓1・2・3・4・7・8・23・24

＊　　　　＊

コンディショニングで新書を書くとは考えもしませんでした。ですが、日本を背負って立っている、身を痛めつけて働いている方々に、この考え方や方法を伝えたいと考えていましたので、お話をいただいた時はうれしく、また身が引きしまる思いでした。

最後まで読み進んでくださった皆様、身体からの声は聞こえましたか？　身体は話してくれましたか？

日本人は、この身体の声を聴くということが、むかしは得意でした。ですがいまは、とても不得意になっているようです。時間に追われる毎日の中で、自分と話し合いする暇などない。それどころか、そのことに意識さえ向かないのです。

時間がないという言い訳は今日を最後に止めにして、ほんの少しの時間でもいいので自分と向き合いましょう。それがコンディショニングです。

このチャンスをくださったちくま新書の方々に感謝します。またきっかけをつくってくださった高野孟先生、この執筆を支えてくれたスタッフ、暖かく励ましてくれた旦那様にも感謝、そして何よりもこの本を手にとってくださったあなたに感謝したいと思います。

コンディショニングを実施することは、あなた方が夢を手にするための第一歩です。

２００８年６月　　　有吉与志恵　拝

参考文献

有吉与志恵『アスリートのためのコアトレ　100のエクササイズ　12の処方箋』ベースボール・マガジン社、二〇〇六年
池見酉次郎『心療内科「病は気から」の医学』中公新書、一九九二年
内山恵子『中医診断学ノート』東洋学術出版社、一九九九年
大櫛陽一『メタボの罠「病人」にされる健康な人々』角川SSC新書、二〇〇七年
小田伸午『スポーツ選手なら知っておきたい「からだ」のこと』大修館書店、二〇〇五年
加藤逸夫【監修】佐藤佳代子『リンパ浮腫治療のセルフケア』文光堂、二〇〇六年
杉田峰康『新しい交流分析の実際　TA・ゲシュタルト療法の試み』創元社、二〇〇〇年
傳田光洋『皮膚は考える』岩波科学ライブラリー、二〇〇五年
中村千秋／竹内真希【訳】クレム・W・トンプソン／R・T・フロイド【著】『身体運動の機能解剖』医道の日本社、二〇〇二年
松尾隆『脳性麻痺と機能訓練　運動障害の本質と訓練の実際』南江堂、二〇〇二年
三木成夫『人間生命の誕生』築地書館、一九九六年
峯村静恵『中医学基礎講座』アクシスアン、非売品
養老孟司『からだを読む』ちくま新書、二〇〇二年

ちくま新書
726

40歳《さい》からの肉体改造《にくたいかいぞう》
——頑張《がんば》らないトレーニング

二〇〇八年六月一〇日　第一刷発行
二〇〇八年六月二五日　第二刷発行

著者　有吉与志恵（ありよし・よしえ）
発行者　菊池明郎
発行所　株式会社　筑摩書房
東京都台東区蔵前二-五-三　郵便番号一一一-八七五五
振替〇〇一六〇-八-四一二三
装幀者　間村俊一
印刷・製本　三松堂印刷　株式会社
乱丁・落丁本の場合は、左記宛に御送付下さい。
送料小社負担でお取り替えいたします。
ご注文・お問い合わせも左記へお願いいたします。
〒三三一-八五〇七　さいたま市北区櫛引町二-六〇四
筑摩書房サービスセンター
電話〇四八-六五一-〇〇五三

ISBN978-4-480-06433-2 C0275

ちくま新書

319
整体　楽になる技術
片山洋次郎
心理学でいう不安は整体から見れば胸の緊張だ。腰椎を緩めれば解消する。不眠などを例に身体と心のコミュニケーションを描き、からだが気持ちよくなる技術を紹介。

638
美しい日本の身体
矢田部英正
伝統文化の底に息づく古来の身体技法をたずねて、都市にあっても自然に適い、おのずから発する「たたずまい」の美学を究める。身体の叡智を照射した意欲的論考。

363
からだを読む
養老孟司
自分のものなのに、人はからだのことを知らない。たまにはからだのことを考えてもいいのではないか。口から始まって肛門まで、知られざる人体内部の詳細を見る。

316
ウンコに学べ！
有田正光
石村多門
環境問題がさかんに叫ばれている。だが、ウンコの処理については誰も問わない。日頃忌避されるウンコを通して現代科学から倫理までを語る、抱腹絶倒の科学読本。

047
スポーツを考える
――身体・資本・ナショナリズム
多木浩二
近代スポーツはなぜ誕生したのか？　スペクタクルの秘密は何か？　どうして高度資本主義のモデルになったのか？　スポーツと現代社会の謎を解く異色の思想書。

665
眠りの悩み相談室
粂和彦
眠りたいのに眠れない、日中なぜか眠気が襲ってくる……。さまざまな眠りの悩みを取り上げ、その原因から対処法までを分かりやすく解説する、真に役立つ一冊。

674
ストレスに負けない生活
――心・身体・脳のセルフケア
熊野宏昭
ストレスなんて怖くない！　脳科学や行動医学の知見を援用、「力まず・避けず・妄想せず」をキーワードに自分でできる日常的ストレス・マネジメントの方法を伝授する。